Interaction

Révision de grammaire française

Sixième édition

WORKBOOK / LAB MANUAL
ANSWER KEY
with
LAB AUDIO SCRIPT

Susan St. Onge
Christopher Newport University

Ronald St. Onge
College of William and Mary

Katherine Kulick
College of William and Mary

THOMSON

HEINLE

Australia Canada Mexico Singapore Spain United Kingdom United States

Interaction
Sixième édition
Workbook/Lab Manual
Answer Key with Lab Audio Script
St. Onge / St. Onge / Kulick

Printed in the United States of America.
3 4 5 6 7 8 9 10   06 05 04

For more information contact Heinle,
25 Thomson Place, Boston, MA 02210 USA,
or you can visit our Internet site at
http://www.heinle.com

For permission to use material from this text or product contact us:

Tel   1-800-730-2214
Fax   1-800-730-2215
Web   www.thomsonrights.com

ISBN: 0-8384-0611-4

Chapitre 1

Activités orales

Activité A

1. F 2. F 3. V 4. V 5. F

Activité B

1. a. Oui, j'aime le café. / Non, je déteste le café.
   b. J'aime le thé. / Je déteste le thé.
2. a. Oui, j'aime le lait. / Non, je déteste le lait.
   b. J'aime le yaourt. / Je déteste le yaourt.
3. a. Oui, j'aime les légumes surgelés. / Non, je déteste les légumes surgelés.
   b. J'aime les fruits surgelés. / Je déteste les fruits surgelés.
4. a. Oui, j'aime les haricots verts. / Non, je déteste les haricots verts.
   b. J'aime les petits pois. / Je déteste les petits pois.
5. a. Oui, j'aime le chou. / Non, je déteste le chou.
   b. J'aime le chou-fleur. / Je déteste le chou-fleur.

Activité C

1. les légumes 2. les viandes 3. les fruits 4. les produits laitiers 5. les viandes 6. les produits laitiers
7. les poissons et les fruits de mer 8. les légumes
9. les volailles 10. les légumes

Activité D

1. On achète du café à l'épicerie. 2. On achète du jambon à la charcuterie. 3. On achète une baguette à la boulangerie. 4. On achète du fromage à la crémerie. 5. On achète du bœuf à la boucherie. 6. On achète des croissants à la boulangerie. 7. On achète des salades composées à la charcuterie. 8. On achète de la farine à l'épicerie.
9. On achète des oignons à l'épicerie. 10. On achète des tartelettes à la pâtisserie.

Activité E

On aime bien le samedi dans les villes et villages de France. C'est un jour de marché. Le matin, les commerçants apportent leurs marchandises sur la place du marché. Bientôt, les clients arrivent. Ils comparent la qualité et le prix des produits et marchandent avec les vendeurs. On n'aime jamais trop dépenser, n'est-ce pas?

Activité F

M. JACQUES: Bonjour, mademoiselle.

CHRISTINE: Bonjour, Monsieur Jacques. Mme Jacques et les enfants ne travaillent pas au magasin aujourd'hui?

M. JACQUES: Si, bien sûr, mais Mme Jacques prépare des pâtisseries en ce moment, et les enfants font des courses. Le samedi, nous avons besoin de beaucoup de mains.

CHRISTINE: Eh bien, j'ai besoin d'un grand pain et d'une baguette, s'il vous plaît.

M. JACQUES: Voilà, mademoiselle, un grand pain et une baguette. Et avec ça?

CHRISTINE: J'ai envie d'acheter des croissants pour le petit déjeuner de demain. Ils sont frais?

M. JACQUES: Ah, oui, mademoiselle. Mais si c'est pour manger demain, enveloppez les croissants dans un plastique.

CHRISTINE: C'est une bonne idée. Donnez-moi donc quatre croissants.

M. JACQUES: Voilà, mademoiselle. Vous aimez les pâtisseries? Elles sont bien fraîches!

CHRISTINE: Tout ça est délicieux, bien sûr. Mais je résiste à la tentation. Non, c'est tout pour aujourd'hui. Je pense qu'il y a de la place dans mon filet pour les croissants, la baguette et le grand pain. Au revoir, Monsieur Jacques. Bonjour à Mme Jacques.

M. JACQUES: Merci. Au revoir, mademoiselle.

Activité G

1. Monique et Simon, achetez du pain!
2. Yves, invite les étudiants de l'autre classe!
3. Georges, va à la crémerie avec Louise!

4. Apportez des disques de musique française!
5. Chantal et Maurice, décorez la salle de classe!
6. Marguerite, prépare les quiches!

Activité H

1. Non, mais je vais étudier à la bibliothèque ce week-end.
2. Non, mais nous allons aller au cinéma ce week-end.
3. Non, mais je vais regarder la télé ce week-end.
4. Non, mais il va préparer des repas ce week-end.
5. Non, mais je vais faire du tennis ce week-end.
6. Non, mais nous allons discuter de politique ce week-end.

Activité I

1. Solange, elle préfère le jambon comme viande.
2. Gustave, il adore les aubergines.
3. Richard et Marthe, ils détestent le chou-fleur.
4. Claudine, elle déteste les oignons.
5. D'habitude, Vincent, il commande des pommes de terre.
6. D'habitude, Lisette et Sylvie, elles commandent du poisson.
7. Eugène, il achète rarement de l'eau minérale.
8. Corinne et André, ils mangent très peu de pain.

Activité J

Télé-Pratic

Le <u>7 juin</u> à <u>13</u> heures <u>30</u>

Pour M. <u>Sabatier</u>

Pendant que vous n'étiez pas là,

M. <u>Raymond</u> <u>Courchay</u>

    Tél. <u>03 45 84 72 00</u>

a téléphoné ☑   est passé(e) vous voir ☐
    demande de le (la) rappeler ☑
    vous rappellera ☐
    désire un rendez-vous ☐
    a laissé ce message: ☑

(Answers will vary.) Il a le camion avec les fournitures. Il peut vous les livrer demain après-midi, si ça vous convient. Si ça ne vous va pas, rappelez-le aujourd'hui avant 6 heures du soir.

Activité K

Diets
  (a) only meats and protein (Bertrand)
  (b) only fruits (Janine)
  (c) a balanced diet — moderate portions of everything (Nadine)

Complaints, if any
  (a) no complaints (Nadine)
  (b) diet is boring (Bertrand)
  (c) s/he feels tired and hungry all the time (Janine)

Activité L

1. a tart
2. apples, sugar, flour, lemon juice, butter, vanilla, raisins
3. FIRST SECRET: He buys the apples at the market rather than the supermarket, so that he is assured that the fruit is fresh.
   SECOND SECRET: He adds lemon juice, a little vanilla, and raisins.
   THIRD SECRET: Don't add too much flour.

Activités écrites

Activité A

achètent; préfèrent; accompagnons; cherchons; trouvons; entrons; cherchent; achète; pousse; jette; achètent; mangent; oublient; demandent; passent; paient; possèdent; apportent; donne; rentre; porte; dînent; aide

Activité B

1. prépare 2. apporte; coupe 3. trouvez 4. épluche; verse 5. Travaillons; dînons

Activité C

1. ai; ont 2. va 3. allons 4. faisons; sont; prenons
5. sommes 6. ai; suis; vais 7. faisons, fait 8. vont
9. allons; es; vas

Activité D

Answers will vary.

Activité E

Possible answers: 1. Oui, nous mangeons souvent au restaurant universitaire. / Non, nous ne mangeons pas souvent au restaurant universitaire. 2. Oui, nous aimons (j'aime) la cuisine universitaire. / Non, nous n'aimons pas (je n'aime pas) la cuisine universitaire. 3. Oui, j'achète (nous achetons) souvent des provisions au supermarché. / Non, je n'achète pas (nous n'achetons pas) souvent des provisions au supermarché. 4. Oui, il y a des supermarchés près du campus. / Non, il n'y a pas de supermarchés près du campus. 5. Quand j'ai faim le soir, je préfère manger un sandwich ou un hamburger. 6. Oui, la plupart des étudiants boivent du Coca. / Non, la plupart des étudiants ne boivent pas de Coca. 7. Oui, je mange souvent des légumes frais. / Non, je ne mange pas souvent de légumes frais. 8. Chez nous, les étudiants préfèrent manger de la pizza. *Answers will vary.*

Activités F, G, H

Answers will vary.

Chapitre 2

Activités orales

Activité A

1. F, 2. V, 3. V, 4. F, 5. V

Activité B

1. Elle se lève tout de suite. 2. Elle prend une douche. 3. Elle s'habille rapidement. 4. Elle se maquille. 5. Elle se coiffe. 6. Elle n'a pas très faim. 7. Elle a envie d'un café au lait. 8. Elle se brosse les dents. 9. Elle se dépêche pour arriver à l'heure.

Activité C

1. Elle se lève tard. 2. Elle prend des céréales au petit déjeuner. 3. Elle se lave. 4. Elle s'habille lentement. 5. Elle ne se maquille pas. 6. Elle prend une deuxième tasse de café. 7. Elle réfléchit à ses activités du week-end. 8. Elle perd du temps, mais ce n'est pas grave. 9. Elle ne s'inquiète pas. 10. Elle se détend.

Activité D

1. On peut dire qu'elle a le trac. 2. D'habitude, elle réussit à ses examens. 3. Elle va passer un examen. 4. Elle fait ses devoirs. 5. Elle a fait un exposé. 6. Elle a peur de rater l'examen. 7. Elle a sommeil. 8. Elle a l'intention d'aller au café avec ses copines.

Activité E

Nous ne pouvons plus dire qu'il n'y a qu'un seul type de modèle familial. Dans la société moderne, les familles ne se ressemblent pas toujours. Nous devons nous rendre compte que les enfants ne sont plus nécessairement élevés par deux parents. Mais, si la composition des familles évolue depuis quelques années, les devoirs des parents ne changent pas. On ne peut négliger ni le développement intellectuel, ni la santé physique, ni l'éducation morale des enfants.

Activité F

1. Oui, j'étudie le week-end. 2. Oui, je réfléchis avant de répondre aux questions. 3. Oui, je réussis aux examens. 4. Oui, je me lève de bonne heure. 5. Oui, je m'entends bien avec les profs. 6. Oui, je suis toujours à l'heure aux cours. 7. Oui, j'obéis toujours aux professeurs. 8. Oui, je me couche de bonne heure.

Activité G

1. Je me lève à sept heures. 2. Oui, je m'amuse beaucoup à l'université. 3. Non, je ne m'inquiète pas au sujet des notes que je reçois. 4. Non, je ne finis pas toujours mes devoirs. 5. Oui, je suis quelquefois en retard aux cours. 6. Oui, je m'entends bien avec les professeurs. 7. Oui, je vends souvent mes livres à la fin du semestre. 8. Oui, la plupart du temps je me débrouille bien aux examens.

Activité H

1. Oui, d'habitude, je me lève très tard le matin. / Non, d'habitude, je ne me lève pas très tard le matin.

2. Oui, je vends mes livres à la fin du semestre. / Non, je ne vends pas mes livres à la fin du semestre.

3. Oui, j'aime faire des exposés en classe. / Non, je n'aime pas faire des exposés en classe.

4. Oui, j'étudie beaucoup à la bibliothèque. / Non je n'étudie pas beaucoup à la bibliothèque.

5. Oui, d'habitude, je mange sur le pouce le matin. / Non, d'habitude, je ne mange pas sur le pouce le matin.

6. Oui, je m'inquiète au sujet des notes que je reçois. / Non, je ne m'inquiète pas au sujet des notes que je reçois.

7. Oui, j'ai peur des examens. / Non, je n'ai pas peur des examens.

8. Oui, j'attends les vacances avec impatience. / Non, je n'attends pas les vacances avec impatience.

Activité I

1. D'habitude, à quelle heure est-ce que tu te lèves? 2. Est-ce que tu prends le déjeuner au restaurant universitaire? 3. Combien de cours est-ce que tu as? 4. Est-ce que tu as beaucoup de devoirs à faire? 5. Est-ce que tu as souvent le trac? 6. Est-ce que tu réussis souvent aux examens? 7. Est-ce que tu dois étudier d'autres langues étrangères? 8. Est-ce que tu te détends le week-end? 9. Est-ce que tu finis toujours tes devoirs? 10. Depuis quand est-ce que tu étudies le français?

Activité J

1. Non, nous n'organisons jamais la première soirée de l'année.

2. Non, il n'y a plus de Coca dans le frigo.

3. Non, je ne veux pas faire de courses avec toi.

4. Non, je n'ai pas encore trouvé les cassettes.

5. Non, nous n'oublions rien.

6. Non, je n'ai invité personne à la soirée.

7. Non, je ne suis pas malade.

Activité K

Télé-Pratic

Le <u>vendredi</u> à <u>12</u> heures <u>15</u>

Pour ~~M.~~ <u>Jean-Luc</u>

Pendant que vous n'étiez pas là,

~~M.~~ <u>Denise</u>

Tél.

a téléphoné ☑   est passé(e) vous voir ❑
     demande de le (la) rappeler ❑
     vous rappellera ☑
     désire un rendez-vous ❑
     a laissé ce message: ☑

Christian est malade, mais Denise pense que ce n'est pas sérieux. Elle l'amène chez le médecin cet après-midi. Elle vous rappellera après le docteur pour vous dire si vous devez vous arrêter à la pharmacie.

Activité L
1. V, 2. V, 3. F, 4. F.

Activité M
Answers will vary.

Activités écrites

Activité A

1. Oui, je choisis tous mes cours selon mes intérêts. / Non, je ne choisis pas tous mes cours selon mes intérêts. 2. Oui, j'attends la troisième année universitaire pour faire des études à l'étranger. / Non, je n'attends pas la troisième année universitaire pour faire des études à l'étranger. 3. Oui, nous descendons souvent en ville. / Non, nous préférons rester sur le campus. 4. Oui, je réfléchis souvent à ma carrière après l'université. / Non, je ne réfléchis pas souvent à ma carrière après l'université. 5. Oui, mes parents répondent rapidement à mon courrier électronique. / Non, mes parents ne répondent pas rapidement à mon courrier électronique. 6. Oui, je rends souvent visite à mes parents pendant le semestre. / Non, je ne rends pas souvent visite à mes parents pendant le semestre. 7. Oui, d'habitude, je finis mes devoirs avant minuit. / Non, d'habitude, je ne finis pas mes devoirs avant minuit. 8. Oui, nous nous entendons bien. / Non, nous ne nous entendons pas bien. 9. Oui, je dépends de mes parents pour payer les frais de scolarité. / Non, je ne dépends pas de mes parents pour payer les frais de scolarité. 10. Oui, je réussis facilement à mes examens. / Non, je ne réussis pas facilement à mes examens.

Activité B

—Non, je ne suis pas de bonne humeur.
—Non, je ne fais jamais rien.
—Non, il n'y a jamais personne qui téléphone.
—Non, je n'ai ni bons amis ni activités intéressantes.
—Non, rien d'intéressant ne va sans doute arriver aujourd'hui.
—Non, je n'aime ni mes cours ni mes professeurs.
—Non, je ne suis jamais de mauvaise humeur.

Activités C, D
Answers will vary.

Activité E

1. Quand est-ce que les enfants partent pour l'école? (Quand les enfants partent-ils pour l'école?) 2. Est-ce que les enfants déjeunent à la cantine de l'école? (Les enfants déjeunent-ils à la cantine de l'école?) 3. Est-ce que la famille descend souvent en ville? (La famille descend-elle souvent en ville?) 4. A quelle heure est-ce que vous rentrez? (A quelle heure rentrez-vous?) 5. A quelle heure est-ce que la famille dîne? (A quelle heure la famille dîne-t-elle?) 6. Après le dîner, est-ce que vous regardez la télé? (Après le dîner, regardez-vous la télé?) 7. Est-ce que vous allez tous les jours au supermarché? (Allez-vous tous les jours au supermarché?)

Activité F

1. se réveillent 2. me lève 3. m'habille 4. s'habille; nous habillons 5. me lave; se lavent 6. se fâche; s'entend 7. nous détendons; nous parlons 8. me couche; se couchent 9. nous reposons; nous amusons

Activité G
Answers will vary.

Activité H

ont de la chance; a envie; a lieu; a l'occasion, a faim; a l'air; avoir mal; ont (donc) besoin

Activités I, J, K
Answers will vary.

Chapitre 3

Activités orales

Activité A
1. b 2. c 3. c 4. a 5. c

Activité B

1. Il est bavard. 2. Ils lui donnent de l'argent de poche. 3. Elle fait du lèche-vitrines. 4. Il doit passer le permis de conduire. 5. Elle est passionnée de cinéma. 6. Ils vont souvent à la piscine. 7. L'équivalent de «high school» en français est le lycée. 8. Le commencement des cours en septembre s'appelle la rentrée.

Activité C

1. Oui, je fais souvent du lèche-vitrines. / Non, je ne fais pas souvent de lèche-vitrines.

2. Oui, je suis sportif (sportive). / Non, je ne suis pas sportif (sportive).

3. Oui, je dépense beaucoup d'argent. / Non, je ne dépense pas beaucoup d'argent.

4. Oui, je reçois de l'argent de poche de mes parents. / Non, je ne reçois pas d'argent de poche de mes parents.

5. Oui, je suis passionné(e) de musique rock. / Non, je ne suis pas passionné(e) de musique rock.

6. Oui j'ai le permis de conduire. / Non, je n'ai pas le permis de conduire.

7. Oui, d'habitude, je suis libre le mercredi après-midi. / Non, d'habitude, je ne suis pas libre le mercredi après-midi.

8. Oui, je fréquente les restaurants en ville. / Non, je ne fréquente pas les restaurants en ville.

Activité D

Dans la société actuelle, il est important de reconnaître que les jeunes sont de gros consommateurs. Pour la plupart, les quinze à vingt-cinq ans habitent toujours chez leurs parents. S'ils sont actifs dans le monde du travail, ils ont un salaire. S'ils n'exercent pas encore d'activité professionnelle, ils dépensent leur argent de poche: une trentaine d'euros par mois et souvent beaucoup plus!

Activité E

1. Pauline est généreuse aussi. 2. Roger est imaginatif aussi. 3. Pauline est individualiste aussi. 4. Roger est sérieux aussi. 5. Pauline est naïve aussi. 6. Roger est intelligent aussi. 7. Pauline est canadienne aussi. 8. Roger est beau aussi.

Activité F

1. Etienne a un camarade de chambre actif.

2. Albert a un grand camarade de chambre.

3. Hubert a un jeune camarade de chambre.

4. Charles a un camarade de chambre sympathique.

5. Marthe a une amie intellectuelle.

6. Yvonne a une amie créatrice.

7. Nous avons une amie italienne.

8. Jacques et Thomas ont une amie française.

Activité G

	ANNE	DANIEL
dynamique	-	+
organisé(e)	+	-
courageux(-euse)	=	=
sérieux(-euse)	+	-
idéaliste	-	+

	ANNE	DANIEL
individualiste	=	=
impulsif(-ive)	-	+
sportif(-ive)	=	=
optimiste	+	-
créateur(-trice)	-	+
être un(e) bon(ne) étudiant(e)	=	=

Activité H

1. Tom est moins beau que Harrison. 2. Tom est moins amusant que Harrison. 3. Tom est plus beau que Harrison. 4. Tom est un moins bon acteur que Harrison. 5. Tom est moins intelligent que Harrison.

Activité I

Salades composées	Plats
6,50€	10,50€
7,50€	11,50€
6,50€	12€
8€	11,50€
8,50	13,50€
9€	15,50€
10€	

Activité J

Télé-Pratic

Le <u>mardi</u> à <u>13</u> heures <u>45</u>

Pour M. <u>Sabatier</u>

Pendant que vous n'étiez pas là,

M. <u>David Boissard</u>

Tel. <u>01 42 79 97 06</u>

a téléphoné ☑   est passé(e) vous voir ☐

     demande de le (la) rappeler ☑

     vous rappellera ☐

     désire un rendez-vous ☑

     a laissé ce message: ☑

(Answers will vary.) M. Boissard est intéressé par l'emploi à mi-temps. C'est un étudiant de 1ère année à l'université—beaucoup de temps libre. Il sera chez lui avant 4h et après 6h, si vous voulez lui téléphoner.

Activité K

1. V 2. F 3. F 4. V 5. F

Activité L

1. He has a soccer game, and suggests his friends attend.
2. She has other plans. She is going to the pool.
3. He had planned to see a Godard film.
4. She had other plans, and does not like soccer. Also, her motorscooter has broken down.
5. They are all going to the «Vache Noire».
6. They will meet at 4:00. Mireille will pick them up.

Activités écrites

Activités A, B, C
Answers will vary.

Activité D
1. leurs; leur; leurs; Leur 2. sa; sa; ses 3. votre; vos; votre; vos 4. tes; Ta; ton

Activités E, F
Answers will vary.

Activité G
1. plus (moins) âgée que 2. plus (moins) facile que 3. plus (moins) gentille que 4. plus chers que 5. plus (moins) intéressant que 6. meilleure (pire) que 7. plus (moins) importants que 8. moins longs que 9. plus (moins) sportif(-ive) que 10. plus (moins) triste que 11. plus (moins) vieille que

Activité H
Answers will vary.

Activité I
Answers may vary. Possible answers: 1. Je me couche plus (moins) tôt que ma camarade de chambre. 2. Mon camarade de chambre comprend le français plus facilement que moi. 3. Je me concentre moins sérieusement que ma meilleure amie. 4. Mon prof de français parle plus vite que mon prof d'histoire. 5. Les DVD côutent plus cher que les CD. 6. Nous dansons mieux que notre professeur de français. 7. Mon cours de maths passe plus vite que mon cours d'anglais. 8. Mes parents aiment mieux le rock que mes copains.

Activité J
Answers will vary.

Chapitre 4

Activités orales

Activité A

1. F 2. V 3. F 4. V 5. V

Activité B

1. Il faut d'abord vérifier si elle est branchée. 2. Il n'y a pas longtemps que la télévision en France est privatisée. 3. Il faut allumer la télévision. 4. Une émission basée sur une histoire continue est un feuilleton. 5. On change de chaîne.

Activité C

1. J'ai allumé le poste à six heures. 2. J'ai allumé le poste à six heures pour regarder les actualités. 3. J'ai regardé la télé trois ou quatre soirs la semaine dernière. 4. J'ai passé à peu près quatre heures devant le petit écran hier soir. 5. Non, je n'aime pas les documentaires. 6. Oui, j'ai changé de chaîne plusieurs fois. 7. Non, je déteste les publicités. 8. Mon feuilleton préféré est ER.

Activité D

La télévision a-t-elle changé nos vies? Nous regardons les informations au lieu de lire le journal. Nous assistons à un spectacle sportif ou culturel en direct et refusons d'aller au stade ou au théâtre. Mais l'existence d'un grand nombre de chaînes et d'émissions étrangères a aussi rendu le monde infiniment plus petit. Oui, la vie s'est transformée radicalement; quelquefois pour le mieux, souvent pour le pire.

Activité E

1. Oui, j'écris beaucoup de devoirs. 2. Non, quelques étudiants font les lectures supplémentaires. 3. Oui, j'ai lu tous les livres supplémentaires. 4. Oui, j'apprends beaucoup dans ce cours. 5. Non, le prof ne me permet jamais de rendre les devoirs en retard. 6. Oui, j'ai compris les cours du prof sans aucun problème.

Activité F

1. Samedi dernier, je suis sorti(e) avec mes amis.

2. Samedi dernier, je suis allé(e) au cinéma.

3. Samedi dernier, j'ai acheté quelques cassettes de musique.

4. Samedi dernier, j'ai dîné au restaurant en ville.

5. Samedi dernier, mes amis et moi, nous nous sommes amusés.

6. Samedi dernier, nous sommes rentrés très tard.

7. Dimanche dernier, je suis resté(e) à la maison.

Activité G

1. Non, je n'ai jamais raté d'examen dans ce cours.

2. Non, je n'ai pas gardé mes examens.

3. Non, je ne suis allé(e) voir ni le chef du département ni le doyen.

4. Non, personne n'a reçu de meilleures notes que moi.

5. Non, rien ne s'est passé entre le prof et moi.

6. Non, je n'ai pas encore pris rendez-vous pour parler du problème.

Activité H

1. Oui, j'ai vraiment reçu une bonne note.

2. Oui, j'ai répondu brillamment à toutes ses questions.

3. Oui, le prof a vite compris le problème.

4. Oui, il y avait un autre étudiant avec le même nom de famille.

5. Oui, il a complètement résolu le problème.

Activité I

1. Quand est-ce qu'elle est allée en Espagne?

2. Quelle sorte de voiture est-ce qu'ils ont achetée?

3. Où est-ce que vous avez trouvé un nouvel appartement?

4. Avec qui est-ce qu'il s'est marié?

5. Pourquoi est-ce qu'elle a quitté l'université?

6. A qui est-ce que tu as vendu tous tes livres du semestre dernier?

Activité J

Télé-Pratic

Le <u>jeudi</u> à <u>12</u> heures <u>25</u>

Pour M. <u>Sabatier</u>

Pendant que vous n'étiez pas là,

<u>Mme Claire Laval, journaliste à la télé</u>

Tél. <u>04 42 61 33 70</u>

a téléphoné ☑   est passé(e) vous voir ☐

demande de le (la) rappeler ☑

vous rappellera ☐

désire un rendez-vous ☑

a laissé ce message: ☑

(Answers will vary.) Elle fait une enquête sur les affaires familiales et la façon dont elles entrent en compétition avec les plus grandes entreprises. Elle demande si vous pouvez lui accorder une interview d'environ une demi-heure la semaine prochaine.

Activité K

1. V 2. F 3. V 4. F 5. V 6. V 7. V 8. F 9. F

Activité L

1. She would like to see a documentary on dinosaurs.

2. Her son would like to see *Friends*.

3. He wants to see a news program on world crises.

4. She thinks that the family spends too much time in front of the TV, and would like to spend more time talking.

5. The TV breaks down, so they spend the evening talking.

Activités écrites

Activité A

1. écris 2. lit; lisez 3. suivent; suis 4. prenez; prennent; prends 5. mets 6. met; mettez 7. boivent; bois 8. connaissez; connais 9. disent; dis 10. vivent; vis

Activité B

1. j'ai travaillé 2. n'a pas donné 3. ont dû 4. sont venus 5. a acheté 6. sommes allés 7. ont pris 8. êtes sortis

Activité C

1. Ma sœur a écrit beaucoup de messages électroniques. 2. Mes parents m'ont téléphoné dimanche après-midi. 3. Mes copines sont venues dîner avec moi. 4. Mon (Ma) camarade de chambre a acheté de nouveaux vêtements. 5. Le président de l'université a parlé avec les étudiants. 6. Moi, je suis resté(e) chez moi samedi matin. 7. Mon prof de français a regardé la télévision. 8. L'équipe de basket a gagné le match. 9. Mon (Ma) petit(e) ami(e) m'a envoyé des fleurs.

Activité D

1. Non, je suis sorti(e) avec Robert hier soir. 2. Non, j'ai déjà fini mes devoirs. 3. Non, j'ai téléphoné à mon (ma) petit(e) ami(e) ce matin. 4. Non, je suis allé(e) au concert de Garth Brooks l'été dernier. 5. Non, j'ai fait du jogging ce matin. 6. Non, j'ai pris un Coca tout à l'heure. 7. Non, je me suis couché(e) tard hier soir.

Activité E

a voulu; est rentrée; est descendue; a consulté; a choisi; a allumé; a pris; s'est installée; a décidé; s'est lavé; s'est habillée; est partie

Activité F

Answers will vary.

Activité G

j'ai accompagné; sommes descendus; avons retrouvé; nous sommes assis; avons commandé; avons commencé; avons échangé; a passé; j'ai regardé; j'ai pensé; avons payé; avons dit; nous sommes pressés; sommes arrivés; je me suis amusé(e); j'ai décidé

Activités H, I

Answers will vary.

Activité J

1. Canal + 2. Paris Première 3. France 2 4. TF1 5. France 5 6. Disney Channel 7. Canal + 8. M6

Activités K

Answers will vary.

Chapitre 5

Activité A

1. V 2. F 3. V 4. F 5. V

Activité B

1. Oui, le journal de notre université est un quotidien. / Non, le journal de notre université n'est pas un quotidien.

2. Oui, il y a des actualités nationales dans notre journal. / Non, il n'y a pas d'actualités nationales dans notre journal.

3. Oui, le journal est politisé. / Non, le journal n'est pas politisé.

4. Oui, il y a souvent des articles de fond dans le journal. / Non, il n'y a pas souvent d'articles de fond dans le journal.

5. Le journal est de gauche. / Le journal est de droite. / Le journal n'est ni de gauche ni de droite.

6. Oui, il est nécessaire de lire le journal pour être au courant de ce qui se passe dans notre université. / Non, il n'est pas nécessaire de lire le journal pour être au courant de ce qui se passe dans notre université.

Activité C

Christophe n'a pas hésité avant de répondre quand on lui a posé une question sur son journal préféré. Quand il était étudiant, il lisait une variété de quotidiens. Mais, depuis qu'il a terminé ses études, il continue à lire *Le Monde*. Mireille n'a pas hésité non plus quand on lui a demandé de donner son avis. Pour elle, par contre, c'est *Libération* qui présente une image plus complète de la France actuelle. Se sont-ils trompés dans les conseils qu'ils ont donnés à la personne qui leur avait posé la question?

Activité D

1. Oui, je regardais la télé tous les jours. / Non, je ne regardais pas la télé tous les jours.

2. Oui, je passais beaucoup d'heures devant la télé. / Non, je ne passais pas beaucoup d'heures devant la télé.

3. Oui, ils s'inquiétaient parce que je regardais beaucoup la télé. / Non, ils ne s'inquiétaient pas parce que je regardais beaucoup la télé.

4. Oui, j'aimais les dessins animés. / Non, je n'aimais pas les dessins animés.

5. Oui, je changeais souvent de chaîne. / Non, je ne changeais pas souvent de chaîne.

6. Oui, on me permettait de regarder la télé très tard le soir. / Non, on ne me permettait pas de regarder la télé très tard le soir.

7. Oui, je prenais souvent mon dîner devant la télé. / Non, je ne prenais pas souvent mon dîner devant la télé.

8. Oui, je regardais souvent les feuilletons. / Non, je ne regardais pas souvent les feuilletons.

9. Oui, il y avait trop de violence à la télé quand j'étais jeune. / Non, il n'y avait pas trop de violence à la télé quand j'étais jeune.

Activité E

1. Oui, j'étais en classe tous les jours. / Non, je n'étais pas en classe tous les jours.

2. Oui, je sortais souvent. / Non, je ne sortais pas souvent.

3. Oui, mes copains voulaient toujours s'amuser. / Non, mes copains ne voulaient pas toujours s'amuser.

4. Oui, j'avais beaucoup de travail. / Non, je n'avais pas beaucoup de travail.

5. Oui, mes profs donnaient beaucoup d'interrogations. / Non, mes profs ne donnaient pas beaucoup d'interrogations.

6. Oui, je savais toutes les réponses en classe. / Non, je ne savais pas toutes les réponses en classe.

7. Oui, je regardais souvent la télé. / Non, je ne regardais pas souvent la télé.

8. Oui, j'étais content(e) de mes notes. / Non, je n'étais pas content(e) de mes notes.

Activité F

1. Oui, j'ai fini mes devoirs. / Non, je n'ai pas fini mes devoirs.

2. Oui, je suis rentré(e) chez moi avant le dîner hier. / Non, je ne suis pas rentré(e) chez moi avant le dîner hier.

3. Oui, j'ai aimé mon dîner. / Non, je n'ai pas aimé mon dîner.

4. Oui, je voulais sortir avec mes amis. / Non, je ne voulais pas sortir avec mes amis.

5. Oui, je suis sorti(e) avec mes amis. / Non, je ne suis pas sorti(e) avec mes amis.

6. Oui, j'étais fatigué(e) à onze heures. / Non, je n'étais pas fatigué(e) à onze heures.

7. Je me suis couché(e) avant minuit. / Je me suis couché(e) après minuit.

Activité G

1. Michel (Michèle) avait déjà acheté un frigo pour notre chambre.

2. Michel (Michèle) avait déjà trouvé des affiches pour les murs de notre chambre.

3. Michel (Michèle) avait déjà fait réparer notre télévision.

4. Michel (Michèle) avait déjà organisé une soirée pour samedi soir.

5. Michel (Michèle) avait déjà téléphoné à Daniel pour l'inviter à la soirée.

6. Michel (Michèle) avait déjà vu le film.

Activité H

a. 1492 b. 1963 c. 1865 d. 1776 e. 1969 f. 2001

More than one answer may be possible.

a. Columbus discovered America b. President Kennedy assassinated c. The American Civil War d. The American Revolution e. The first person to walk on the moon f. ???

Activité I

Télé-Pratic

Le <u>mercredi</u> à <u>13</u> heures <u>30</u>

Pour M. <u>Sabatier</u>

Pendant que vous n'étiez pas là,

M. <u>Philippe Laurent</u>

Tél. <u>02 43 38 19 62</u>

a téléphoné ❏   est passé(e) vous voir ☑
  demande de le (la) rappeler ❏
  vous rappellera ❏
  désire un rendez-vous ❏
  a laissé ce message: ☑

(Answers will vary) Il est passé dans votre magasin hier entre 16h et 16h30. Il a perdu son porte-feuille et demande si quelqu'un l'a retrouvé au magasin.

Activité J

1. F 2. V 3. F 4. F 5. V 6. V 7. F 8. F

Activité K

1. *Le Monde, Le Point, Libération*

2. She prefers literature (novels, plays, and lighter selections when she has the time). She also reads *Libération* sometimes.

3. *Meurtre au Louvre*

4. There's a murder at the Louvre. One of the paintings is used to conceal drugs. She likes the novel because it includes details on the painters, how the Louvre functions, etc.

5. *Meurtre à la Bourse, Meurtre à Libération.*

Activités écrites

Activité A

1. avais 2. étaient 3. achetait 4. avais 5. regardions
6. aimais regarder 7. faisais 8. fumaient

Activité B

rentrais, b; allumais, b; m'installais, b; restais, b;
préférais, c; voulais, c; regardais, a; étudiais, a;
souffrait, c; avait, a; devenaient, a

Activité C

1. avait déjà commencé 2. j'étais déjà parti(e) 3. avait
déjà annoncé 4. n'avais pas encore fini 5. avait déjà
vendu 6. ne s'était pas bien amusée 7. avaient déjà
acheté 8. n'avait pas étudié

Activité D

Answers will vary.

Activité E

faisait; ai accompagné; sommes descendus; avons
retrouvé; nous sommes assis; avons commandé;
étaient; avons commencé; avons regardé; passaient;
se pressaient; était; avons parlé; a passé; étions; ve-
nions; j'ai regardé; j'ai pensé; ne voulais pas; avons
payé; avons dit; nous sommes pressés; sommes
arrivés; s'est fâchée; savait; avions besoin; me suis
amusé(e); ai décidé

Activité F

voulait; s'ennuyait; est rentrée; est descendue; savait;
étaient; a consulté; a choisi; a allumé; désirait; a pris;
s'est installée; a commencé; n'a pas trouvé; désirait;
était; s'est rendu compte; s'était trompée; était; a décidé; s'est lavé; s'est habillée; est partie; était; est
arivée; fermait

Activité G

1. Ils avaient envoyé des invitations. 2. Ils avaient
acheté des provisions. 3. Ils avaient nettoyé l'appartement. 4. Ils avaient trouvé des chaises supplémentaires. 5. Ils avaient téléphoné à tous les invités.
6. Ils avaient choisi la musique. 7. Ils avaient fait la
cuisine. 8. Ils avaient allumé des bougies.

Activités H, I, J

Answers will vary.

Chapitre 6

Activités orales

Activité A

1. F 2. F 3. V 4. F 5. V

Activité B

1. Il y a trois séances.

2. C'est un dessin animé.

3. Ce sont des sous-titres.

4. C'est une vedette.

5. Il est en version originale.

6. Il y a même une affiche.

Activité C

1. Oui, je suis abonné(e) à une revue de cinéma. /
   Non, je ne suis pas abonné(e) à une revue de
   cinéma.

2. Oui, j'ai déjà vu un film étranger en version originale. / Non, je n'ai jamais vu de film étranger en
   version originale.

3. Je préfère les films policiers. / Je préfère les westerns.

4. Oui, je fais partie d'un ciné-club. / Non, je ne fais
   pas partie d'un ciné-club.

5. Oui, j'ai déjà travaillé comme ouvreuse. / Non,
   je n'ai jamais travaillé comme ouvreuse.

6. Oui, je veux devenir acteur (actrice) un jour. /
   Non, je ne veux jamais devenir acteur (actrice).

7. Je préfère le cinéma. / Je préfère le théâtre.

Activité D

1. Ils s'appellent Jennifer Grey et Patrick Swayze.

2. C'est une actrice française.

3. Le Festival de Cannes est le plus grand festival du cinéma.

4. Il s'appelle *The Princess Bride*.

5. C'est une personne qui tourne des films.

6. Ce sont deux chiens.

7. On a tourné le film *La Cage aux folles* en France.

Activité E

Combien de fois a-t-on décidé de regarder une vidéocassette plutôt que d'aller au cinéma? Le magnétoscope va-t-il remplacer le grand écran? Quelle partie de la population fréquente encore les salles de cinéma? On dit que ce sont les adolescents qui vont au ciné deux fois plus souvent que les adultes. Quels sont les films qui marchent le mieux en France? Les comédies et les grands spectacles semblent attirer la majorité des spectateurs. Mais le public est-il assez nombreux pour permettre au cinéma français de survivre?

Activité F

1. Quand allez-vous au cinéma?
2. Pourquoi allez-vous aimer le film?
3. A quelle heure le film commence-t-il?
4. Comment descendez-vous en ville?
5. Où allez-vous garer la voiture?
6. Combien allez-vous être?
7. Où allez-vous dîner?
8. A quelle heure allez-vous rentrer?

Activité G

1. 8 h 30 = 8 h 30 (huit heures et demie) du matin
2. 19 h = 7 h du soir
3. 11 h 15 = 11 h 15 (onze heures et quart) du matin
4. 21 h = 9 h du soir
5. 6 h 30 = 6 h 30 (six heures et demie) du matin
6. 22 h = 10 h du soir
7. 15 h 45 = 3 h 45 (quatre heures moins le quart) de l'après-midi

Activité H

1. Auxquelles est-ce que vous pensez?
2. De quoi avez-vous peur?
3. Qui est-ce que vous avez vu?
4. De qui s'agit-il dans ce film?
5. Qui est-ce que vous attendez en ce moment?

6. Lequel est-ce que vous préférez?
7. Qu'est-ce que vous allez faire?

Activité I

Télé-Pratic

Le <u>jeudi</u> à <u>12</u> heures <u>55</u>

Pour ~~M.~~ <u>un(e) collègue de Thérèse</u>

Pendant que vous n'étiez pas là,

~~M.~~ <u>Thérèse</u>

Tél. <u>01 48 87 82 34</u>

a téléphoné ☑   est passé(e) vous voir ☐

demande de le (la) rappeler ☑

vous rappellera ☐

désire un rendez-vous ☐

a laissé ce message: ☑

(Answers will vary.) Elle voudrait savoir s'il vous est possible de changer de jour de travail avec elle. Des amis l'ont invitée à sortir vendredi mais elle travaille d'habitude le vendredi. Elle voudrait travailler samedi au lieu de vendredi.

Activité J

1. c 2. a 3. b 4. c

Activité K

ARMAND

1. *Cyrano* 2. 10:15 P.M. 3. Depardieu 4. No, the movie is too sad.

MARGUERITE

1. *Vincent et Théo* 2. It is about Van Gogh and his relationship with his brother. 3. No, they would like to see something a little less boring.

NICOLE

1. She suggests a Greta Garbo film festival. 2. The movie *Ninotchka* is shown at 11 P.M. 3. They decide to go see *Ninotchka* and to meet at 10:45 P.M. next to the large poster at the theater called "La Pagode."

Activités écrites

Activités A, B
Answers will vary.

Activité C
1. A quelle heure est-ce que tu prends le petit déjeuner? 2. A quelle heure est-ce que tu as ton premier cours le lundi? 3. A quelle heure est-ce que tes cours se terminent le vendredi? 4. A quelle heure est-ce que tu commences à étudier le soir? 5. A quelle heure est-ce que tes amis et toi, vous sortez le vendredi soir? 6. A quelle heure est-ce que tu te couches le samedi soir, en général? 7. A quelle heure est-ce que tu téléphones à tes parents, d'habitude? 8. A quelle heure est-ce que tu fais tes devoirs pour la classe de français, d'habitude?

Activités D, E, F
Answers will vary.

Activité G
1. Lesquels ne sont pas obligés de passer l'examen de fin d'année? 2. Lesquelles est-ce qu'il faut consulter pour nos devoirs? (Lesquelles faut-il consulter pour nos devoirs?) 3. Laquelle est-ce que vous allez annuler? (Laquelle allez-vous annuler?) 4. Entre lesquels est-ce que nous allons avoir le choix? (Entre lesquels allons-nous avoir la choix?) 5. Lequel est-ce qu'il faut apporter? (Lequel faut-il apporter?) 6. Lesquelles ont eu cent au dernier examen?

Activité H
1. A quelle heure est-ce que les enfants partent pour l'école? (A quelle heure les enfants partent-ils pour l'école?) 2. A quelle heure est-ce que tout le monde rentre? (A quelle heure rentre tout le monde?) 3. D'habitude, quand est-ce qu'on prend le grand repas? (D'habitude, quand prend-on le grand repas?) 4. A table, de quoi est-ce qu'on parle? (A table, de quoi parle-t-on?) 5. Est-ce que vous avez une télé grand écran? (Avez-vous une télé en couleurs?) 6. Combien d'heures par jour est-ce qu'on regarde la télé? (Combien d'heures par jour regarde-t-on la télé?) 7. Quand est-ce que vous vous couchez d'habitude? (Quand vous couchez-vous d'habitude?) 8. Qu'est-ce que vous faites le week-end? (Que faites-vous le week-end?)

Activités I, J
Answers will vary.

Activité K
1. A quelle heure est-ce que tu vas rentrer? (A quelle heure vas-tu rentrer?) 2. Est-ce que notre professeur a rendu les examens? (Notre professeur a-t-il [elle] rendu les examens?) 3. A quelle heure est la dernière séance? (A quelle heure est-ce, la dernière séance?) 4. Est-ce que tu veux aller au cinéma samedi soir? (Veux-tu aller au cinéma samedi soir?) 5. Qu'est-ce que tu as fait pendant les vacances? (Qu'as-tu fait pendant les vacances?) 6. Qui est-ce qui croit cette histoire? (Qui croit cette histoire?) 7. Avec qui est-ce que tu es sortie hier soir? (Avec qui es-tu sortie hier soir?) 8. Où est-ce que vous allez voyager cet été? (Où allez-vous voyager cet été?) 9. Quelles vedettes ont du succès en France actuellement? 10. Qu'est-ce qui s'est passé à la soirée samedi dernier? (Que s'est-il passé à la soirée samedi dernier?) 11. Comment est-ce que tu voyages d'habitude? (Comment voyages-tu d'habitude?)

Activités L, M, N
Answers will vary.

Chapitre 7

Activités orales

Activité A
1. F 2. V 3. V 4. F 5. V 6. V 7. F 8. F

Activité B
1. AVION, TRAIN 2. BUS, TRAIN 3. AVION
4. TRAIN 5. AVION 6. BUS 7. TRAIN 8. TRAIN
9. METRO 10. AVION

Activité C

4, 6, 5, 2, 3, 1

Activité D

Je suis à Paris depuis quelques heures. Pour me divertir, je décide de prendre le métro. De tous les moyens de transport, c'est le plus rapide et celui qui coûte le moins cher. Je descends donc dans la station qui se trouve à cinq minutes de mon hôtel et j'y achète un billet de tourisme. En moins de deux minutes, un train arrive sur la voie devant moi. Je sais que c'est le mien, car j'ai déjà bien consulté mon plan pour connaître le nom de la ligne qu'il fallait prendre. Je monte en voiture avec les autres passagers et voilà mon aventure qui commence.

Activité E

1. Oui, je le trouve.
2. Oui, je les ai déjà achetés.
3. Oui, je la prends.
4. Oui, je sais la reconnaître.
5. Oui, je l'ai.

Activité F

1. Oui, je leur ai parlé.
2. Oui, je lui ai écrit une carte postale.
3. Oui, ils leur ont obéi.
4. Oui, je leur ai envoyé un cadeau.
5. Oui, je lui ai donné des fleurs.

Activité G

1. Oui, j'en ai deux.
2. Oui, j'y arrive à onze heures.
3. Oui, j'en ai une.
4. Oui, j'en ai pris un.
5. Oui, il y est.
6. Oui, j'ai besoin d'en changer.

Activité H

1. Oui, j'y vais cet été.
2. Oui, je le leur ai montré.
3. Oui, j'y vais.
4. Oui, je vais leur en écrire.
5. Oui, je vais les visiter.
6. Oui, je leur ai téléphoné pour en parler.
7. Oui, je lui en ai demandé.
8. Oui, je viens te rendre visite.

Activité I

1. Oui, j'en ai réservé une.
2. Non, je ne l'ai pas acheté hier.
3. Je vais partir à trois heures.
4. Oui, j'en ai un.
5. J'y vais pour voir un ami.
6. Oui, il y en a trois.

Activité J

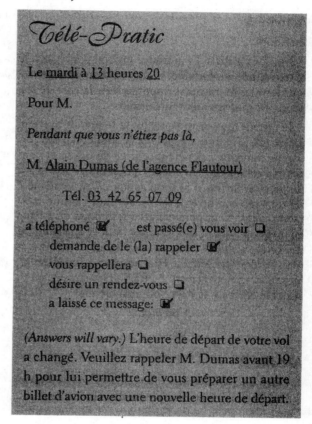

Télé-Pratic

Le <u>mardi</u> à <u>13</u> heures <u>20</u>

Pour M.

Pendant que vous n'étiez pas là,

M. <u>Alain Dumas (de l'agence Flautour)</u>

Tél. <u>03 42 65 07 09</u>

a téléphoné ☑   est passé(e) vous voir ☐
    demande de le (la) rappeler ☑
    vous rappellera ☐
    désire un rendez-vous ☐
    a laissé ce message: ☑

(Answers will vary.) L'heure de départ de votre vol a changé. Veuillez rappeler M. Dumas avant 19 h pour lui permettre de vous préparer un autre billet d'avion avec une nouvelle heure de départ.

Activité K

1. F   2. V   3. V   4. F   5. F

Activité L

1. They are going to Italy.
2. They discuss taking the plane, but reject the idea because it is expensive, and also because some of them get nervous in a plane. They also discuss the possibility of going by car, but reject that idea as well because they do not want to be stuck in traffic jams.
3. They will travel by train. They hope to be able to reserve a compartment with berths in an express train.

4. They are considering several options: they could take the bus, rent a car, or they could even just go on taking the train.

5. Gaston is a friend who works in a travel agency. He will be in charge of making the train reserva-tions and comparing the cost of using the bus, renting a car and taking the train once they reach their destination.

Activités écrites

Activité A

Bonjour!

Me voici à Paris! J'y ai trouvé un bon petit hôtel. Je le trouve très confortable. Je suis en train de visiter tous les sites touristiques importants de la ville. Je les adore. Ils sont vraiment intéressants.

Je prends beaucoup le métro. Je le prends souvent parce que je le trouve rapide et économique. Ma copine française a acheté un carnet de tickets et j'en ai aussi acheté un. Un copain qui quittait Paris m'a proposé ses tickets et je les ai achetés. J'en ai même vendu à ma copine et je les lui ai vendus à un prix raisonnable. Nous pouvons aller n'importe où à Paris en métro et nous pouvons souvent y aller sans prendre de correspondance. Mais même s'il faut en prendre une, ce n'est pas difficile. Hier, nous sommes allées à Versailles en nous servant du RER et nous avons pu y visiter le château. Je l'ai trouvé magnifique!

A bientôt,

Alice

Activité B

1. Oui, j'en ai trouvé une. (Non, je n'en ai pas trouvé.) 2. Oui, j'y suis. (Non, je n'y suis pas.) 3. Oui, je l'aime bien. (Non, je ne l'aime pas.) 4. Oui, j'en ai beaucoup visité. (Non, je n'en ai pas beaucoup visité.) 5. Oui, j'en ai un(e). (Non, je n'en ai pas.) 6. Oui, je vais y en faire. (Non, je ne vais pas y en faire.) 7. Oui, j'ai appris à m'en servir. (Non, je n'ai pas appris à m'en servir.) 8. Oui, je les trouve accueillants. (Non, je ne les trouve pas accueillants.) 9. Oui, je les paie moi-même. (Non, je ne les paie pas moi-même.) 10. Oui, j'y mange souvent. (Non, je n'y mange pas souvent.) 11. Oui, je l'apprécie. (Non, je ne l'apprécie pas.)

Activité C

1. Oui, j'en ai une. (Non, je n'en ai pas.) 2. Oui, j'y vais tous les jours. (Non, je n'y vais pas tous les jours.) 3. Oui, il y en a beaucoup. (Non, il n'y en a pas beaucoup.) 4. Oui, on lui en pose beaucoup. (Non, on ne lui en pose pas beaucoup.) 5. Oui, il y en a un. (Non, il n'y en a pas.) 6. Oui, je les y prends tous. (Non, je ne les y prends pas tous.) 7. Oui, j'habite avec eux. (Non, je n'habite pas avec eux.) 8. Oui, ils m'en donnent. (Non, ils ne m'en donnent pas.) 9. Je les trouve plus difficiles en France. (Je les trouve plus difficiles aux Etats-Unis.) 10. Oui, je les paie cher. (Non, je ne les paie pas cher.) 11. Oui, j'en ai une. (Non, je n'en ai pas.)

Activité D

1. Est-ce que tu y es déjà allé(e)? (Y es-tu déjà allé[e]?) 2. Est-ce que vous en écoutez souvent (En écoutez-vous souvent?) 3. Est-ce que vous l'aimez bien? (L'aimez-vous bien?) 4. Est-ce qu'on en apporte souvent? (En apporte-t-on souvent?) 5. Est-ce qu'on les y paie très cher? (Les y paie-t-on très cher?) 6. Est-ce que vous en avez? (En avez-vous?) 7. Est-ce que vous leur en parlez souvent? (Leur en parlez-vous souvent?)

Activité E

je l'ai regardée; je l'ai vu; je l'ai bien aimé; je l'ai regardée avec elle; je n'en ai pas parlé avec eux; je suis sorti(e) avec eux; j'y suis allé(e); je ne l'ai pas retrouvée; j'y suis retourné(e); je veux lui téléphoner pour savoir s'il veut y aller; je ne l'ai pas encore vu; je n'en ai pas besoin; allons-y

Activité F

Answers include all possible pronoun substitutions.

1. Ne le prenez pas pour y aller. 2. Rends-le moi. 3. Allons-y. 4. Achetez-leur-en. 5. N'y allez pas sans moi. 6. Ne vas pas y déjeuner. 7. Offrons-leur-en un. 8. Montez-y avec moi. 9. Envoyez-nous-en.

Activité G

1. Ma famille et moi 2. Moi; eux 3. Charles et lui; mes parents et moi 4. Ils; ma sœur et moi 5. toi;

nous; C'est moi 6. elle; eux; elle 7. moi-même
8. nous, toi et moi

Activité H

1. Est-ce que c'est le mien (Est-ce le mien) 2. Où
est-ce que tu as laissé les tiens (Où as-tu laissé les
tiens) 3. C'est la mienne 4. Mettez la vôtre devant
la maison 5. Est-ce que tu as déjà mis les tiennes
dans le train (As-tu déjà mis les tiennes dans le train)
6. Est-ce que vous avez les vôtres (Avez-vous les
vôtres) 7. C'est aussi le mien 8. Le mien se trouve
près du campus, mais le leur est loin 9. Les miens
préfèrent le rock 10. Ce n'est pas le mien

Activité I

1. celui-là 2. celles-ci 3. ceux-ci 4. celle-là 5. celui-
là 6. celui-ci 7. ceux-ci 8. celui-là

Activité J

1. celui de 2. celles que 3. celui qui 4. celle de
5. ceux que 6. celle qu' 7. Celles qui 8. celle qu'

Activité K

Answers will vary.

Chapitre 8

Activités orales

Activité A

1. F 2. V 3. V 4. V 5. F 6. V 7. F 8. V 9. F

Activité B

1. Oui, on bûche très tard le soir.

2. Non, on ne remplit pas de fiches.

3. Non, on ne paie pas les frais d'inscription.

4. Oui, on emprunte des polycopiés.

5. Oui, on apprend ses notes par cœur.

6. Oui, on assiste aux travaux pratiques.

7. Non, on ne va pas au Resto U.

8. Oui, on a le trac.

9. Oui, on fait de son mieux.

Activité C

1. Oui, j'habite à la cité universitaire. / Non, je
   n'habite pas à la cité universitaire.

2. Oui, j'aime le contrôle continu des connaissances. / Non, je n'aime pas le contrôle continu des
   connaissances.

3. Oui, d'habitude je reçois de bonnes notes. / Non,
   d'habitude je ne reçois pas de bonnes notes.

4. Oui, je m'entends bien avec mon conseiller. /
   Non, je ne m'entends pas bien avec mon conseiller.

5. Je préfère étudier à la bibliothèque. / Je préfère
   étudier chez moi.

6. Oui, les examens sont difficiles dans mon université. / Non, les examens ne sont pas difficiles dans
   mon université.

7. Oui, les frais d'inscription coûtent cher dans mon
   université. / Non, les frais d'inscription ne coûtent
   pas cher dans mon université.

Activité D

Bien qu'il y ait eu des réformes importantes dans les
universités françaises, la première année de l'enseignement supérieur est encore marquée par une
série d'épreuves plus ou moins dures. C'est ce qu'on
appelle parfois le parcours du combattant. Mais le
Ministère de l'Éducation nationale s'est donné
comme priorité de rendre les formalités plus souples.
La technologie du Minitel a aussi facilité les procédures administratives. Pour beaucoup d'étudiants,
pourtant, on n'a pas encore fait assez pour simplifier
le système.

Activité E

1. Je doute qu'elle réussisse dans tous ses cours.

2. Je doute qu'elle aille à l'université le semestre
   prochain.

3. Je doute qu'elle fasse un effort pour obtenir de
   bonnes notes.

4. Je doute qu'elle choisisse les cours les plus difficiles.

5. Je doute qu'elle ait beaucoup de dissertations à faire.

6. Je doute qu'elle réponde bien en cours d'anglais.

7. Je doute qu'elle puisse nous retrouver au café ce soir.

8. Je doute qu'elle soit au laboratoire cet après-midi.

Activité F

1. Il est vrai que les chambres sont grandes dans les résidences universitaires. / Il n'est pas vrai que les chambres soient grandes dans les résidences universitaires.

2. Il est vrai qu'il y a beaucoup d'étudiants à la bibliothèque le dimanche. / Il n'est pas vrai qu'il y ait beaucoup d'étudiants à la bibliothèque le dimanche.

3. Dans mon université, il est vrai que les étudiants peuvent obtenir leur diplôme en trois ans. / Dans mon université, il n'est pas vrai que les étudiants puissent obtenir leur diplôme en trois ans.

4. Dans mon université, il est vrai que tous les étudiants font un sport. / Dans mon université, il n'est pas vrai que tous les étudiants fassent un sport.

5. Il est vrai que beaucoup d'étudiants dans mon université veulent faire une maîtrise et un doctorat. / Il n'est pas vrai que beaucoup d'étudiants dans mon université veuillent faire une maîtrise et un doctorat.

6. Il est vrai que les classes sont très grandes dans mon université. / Il n'est pas vrai que les classes soient très grandes dans mon université.

Activité G

1. Oui, il est certain que l'épreuve de grammaire était difficile.

2. Non, je ne suis pas sûr(e) qu'elle ait choisi une spécialisation.

3. Non, je ne crois pas qu'elle fasse son travail tous les jours.

4. Oui, il semble qu'elle réussisse tous ses cours.

5. Oui, il est essentiel qu'elle aille régulièrement au laboratoire.

Activité H

1. Je suis content(e) qu'elle soit alleé en cours de philosophie.

2. Mais non, je ne pense pas qu'elle doive étudier davantage.

3. Je ne crois pas qu'il vaille mieux loger en ville.

4. Il est regrettable qu'elle ait des problèmes d'argent.

5. Je suis heureux(-euse) qu'elle sache son adresse.

6. Moi, je doute qu'elle puisse trouver un travail près de l'université.

7. Je suis surpris(e) qu'elle ne veuille pas partir de chez elle.

Activité I

1. Je crois qu'il représente toute la population. / Je ne crois pas qu'il représente toute la population.

2. Je crois qu'il a l'intention de réduire les impôts. / Je ne crois pas qu'il ait l'intention de réduire les impôts.

3. Je crois qu'il est contre les armes nucléaires. / Je ne crois pas qu'il soit contre les armes nucléaires.

4. Je crois qu'il veut nationaliser les lignes aériennes. / Je ne crois pas qu'il veuille nationaliser les lignes aériennes.

5. Je crois qu'il sait résoudre le problème de la pollution. / Je ne crois pas qu'il sache résoudre le problème de la pollution.

6. Je crois qu'il peut trouver des logements pour tous les gens sans abri. / Je ne crois pas qu'il puisse trouver des logements pour tous les gens sans abri.

Activité J

Télé-Pratic

Le <u>lundi</u> à <u>12</u> heures <u>40</u>

Pour M. <u>Sabatier</u>

Pendant que vous n'étiez pas là,

<u>Mme Anne-Marie Sinol</u>

Tel. <u>04 48 04 91 55</u>

a téléphoné ☑   est passé(e) vous voir ☐
    demande de le (la) rappeler ☑
    vous rappellera ☐
    désire un rendez-vous ☑
    a laissé ce message: ☑

(*Answers will vary.*) Le professeur de votre fils Christian demande que vous passiez la voir pour discuter des progrès de Christian. Elle désire que vous la rappeliez aujourd'hui ou demain entre 16 heures et 17 h 30.

Activité K

1. V 2. F 3. V 4. F

Activité L

1. Venice and Mexico City are two of the most polluted cities in the world.

2. It was discovered that some of the industries located near Venice are pouring tons of chemical products into the Venice Laguna. These chemical products encourage the growth of seaweed which, in turn, increases the mosquito population.

3. Individual citizens need to unite in order to fight pollution. They also need to make a habit of recycling in their daily lives.

4. The three friends recycle paper (newspapers), glass (bottles), and metal.

Activités écrites

Activité A

1. soit 2. puisse 3. comprenne 4. aidiez 5. réussisse 6. fasse 7. aie 8. va 9. passions

Activité B

Answers will vary.

Activité C

1. Je cherche un(e) autre camarade de chambre pour pouvoir mieux étudier. 2. Mais je vais attendre la fin du semestre pour changer d'appartement. 3. Bien que mon prof de maths soit gentil, je n'ai pas une bonne moyenne en maths. 4. Mon copain m'aide pour que je réussisse au prochain examen de maths. 5. Mes parent m'encouragent beaucoup de peur que j'abandonne [je n'abandonne] mes études de commerce. 6. Mais je veux changer de spécialisation quoique je sois moins sûr(e) de trouver un emploi. 7. Je vais beaucoup étudier pendant le reste du semestre sans abandonner mon emploi au restaurant universitaire.

Activité D

1. ne soit pas 2. va 3. puisse 4. ont 5. apprend 6. prenne

Activité E

Answers will vary.

Activité F

1. connaisse 2. va 3. fasse 4. suis 5. comprenne 6. vit 7. puisse

Activités G, H, I, J, K

Answers will vary.

Chapitre 9

Activités orales

Activité A

1. c 2. a 3. a 4. b 5. c

Activité B

1. février 2. la France continentale (l'Hexagone) 3. Possible answers may include: ski; luge; patinage 4. Possible answers may include: un département d'outre-mer; la mer; la Guadeloupe, la Guyane et la Réunion 5. les pays en voie de développement 6. est née dans le pays en question 7. palmiers 8. la patrie

Activité C

1. le sable, les palmiers, la plage
2. la Martinique, la Guadeloupe, la Guyane
3. naviguer, la mer des Caraïbes, la plage
4. le Maroc, le Sénégal, le Bénin
5. le Québec, le carnaval, Jacques Cartier
6. le Maine, le Massachusetts, le Vermont

Activité D

La présence des Français en Amérique remonte au seizième siècle. C'est au Canada que la France a établi sa première colonie outre-Atlantique. Bien que le Québec n'appartienne plus à la France, c'est dans cette région qu'habitent aujourd'hui six millions de francophones. Aux Etats-Unis, l'influence de la culture française est évidente en Louisiane, en Nouvelle-Angleterre et dans les autres régions où les Français ont joué un rôle historique. Il est toujours intéressant de savoir pourquoi une personne ou une ville porte un nom français. C'est aussi une façon de comprendre l'expansion du français dans le monde.

Activité E

1. Alice adore faire du ski nautique.
2. Claudine veut faire du ski nautique.
3. Yves a peur de faire du ski nautique.
4. Raoul commence à apprendre l'anglais.
5. Janine s'amuse à apprendre l'anglais.
6. Thérèse a décidé d'apprendre l'anglais.
7. Fernand désire acheter une nouvelle voiture.
8. Mes parents viennent d'acheter une nouvelle voiture.
9. Je dois acheter une nouvelle voiture.
10. Mon frère hésite à acheter une nouvelle voiture.

Activité F

1. De Suisse, ils sont allés au Danemark.
2. Du Danemark, ils sont allés en Pologne.
3. De Pologne, ils sont allés à Moscou.
4. De Moscou, ils sont allés en Grèce.
5. De Grèce, ils sont allés au Maroc.
6. Du Maroc, ils sont allés à Dakar.
7. De Dakar, ils sont allés au Congo.
8. Du Congo, ils sont allés au Brésil.
9. Du Brésil, ils sont allés au Mexique.
10. Du Mexique, ils sont allés au Canada.

Activité G

1. Je vais faire le voyage au printemps ou en été.
2. Je vais en Europe en avion.
3. Je vais voyager en France, en Allemagne et au Danemark.
4. En France, je vais voyager par le train.
5. Je vais visiter Paris, Chartres et Copenhague.
6. Je vais rester le plus longtemps à Paris.

7. Oui, je vais envoyer des cartes postales à ma famille et à mes amis.
8. Je vais m'amuser à parler aux Français.
9. Je vais apprendre à mieux parler le français.

Activité H

1. C'est l'hôtel dont je vous ai parlé.
2. Voilà un ami dont la sœur est médecin.
3. Voilà la plage dont je vais me souvenir.
4. C'était un beau voyage dont j'avais besoin.

Activité I

1. As-tu aimé les conférences auxquelles tu as assisté?
2. Aimes-tu le prof avec qui tu vas travailler?
3. Où est le magasin où tu viens d'acheter des jeans?
4. Où habite l'ami à qui tu as téléphoné?
5. Où est le billet de dix euros avec lequel tu vas payer l'addition?

Activité J

Télé-Pratic

Le <u>mercredi</u> à <u>13</u> heures <u>25</u>

Pour M. <u>Sabatier</u>

Pendant que vous n'étiez pas là,

M. <u>Georges Rochet</u>

Tel. <u>03 42 27 39 54</u>

a téléphoné ☑   est passé(e) vous voir ☐
    demande de le (la) rappeler ☑
    vous rappellera ☑
    désire un rendez-vous ☑
    a laissé ce message: ☑

(Answers will vary.) Il désire vous rencontrer pour vous parler d'articles qu'il vend à des prix très intéressants, et qui pourraient convenir à votre magasin. Il aimerait que vous le rappeliez, mais si vous n'en avez pas l'occasion, il vous rappellera.

Activité K

1. V 2. F 3. F 4. V 5. F 6. V

Activité L

1. The conversation takes place at the airport.

2. Françoise is going to Boston and Catherine is on her way to Morocco.

3. Françoise intends to travel in and around Boston for a month, and to work in a library in Boston during the second month. Catherine is going to Morocco to relax. She is going to visit her cousin who lives there, and she wants to see all the imperial cities of the country.

4. Catherine recommends that Françoise go to Cape Cod while in the U.S.

5. Françoise's flight will leave from gate 18.

Activités écrites

Activité A

1. x 2. x; x 3. d' 4. à 5. de 6. à; à 7. à 8. x; à 9. x

Activité B

à; en; de; pendant; en; chez; à (de); en; en; en; à; à; Pour; en; de; en (de); en (de); à; Dans; en; par; à; pour; au; chez; au; de; à; vers (à); au; de; de; en; dans

Activité C

Answers will vary.

Activité D

en; à; d'; à (dans); dans; en; à; à (de); en; en; en; d'; par; à; de; de; à; de; Au; en; En; par (en); par (en); à; de

Activité E

Answers will vary.

Activité F

1. regardant 2. allant 3. nous fatiguer 4. partant; regarder 5. aller; apprendre 6. rentrant 7. parler

Activité G

1. assise 2. travailler 3. écouter 4. qui dîne (en train de dîner) 5. entendre 6. voir

Activité H

qui; ce qui; que; laquelle; qui; dont; qu'; lesquelles; ce qu'; qui; lesquels; lequel; qui; dont

Activité I

1. J'ai souvent rêvé de ce pays que nous avons visité. 2. Mardi gras est une grande fête dans ce pays, qui a lieu en février. 3. Nous avons apporté ce que le guide a indiqué. 4. Voilà ma copine avec laquelle (avec qui) j'ai voyagé. 5. Cette ville se trouve dans le Sahara, qui est en Afrique. 6. C'est un pays d'où ma copine Chantal est partie il y a longtemps. 7. J'ai souvent entendu parler de ce pays qui est l'un des pays les plus exotiques du monde. 8. Voilà le guide qui a beaucoup contribué à rendre le voyage agréable. 9. Je suis très content(e) du voyage que j'ai fait.

Activités J, K

Answers will vary.

Chapitre 10

Activités orales

Activité A

1. b 2. c 3. a 4. b

Activité B

1. VOITURE 2. AGENCE DE VOYAGES
3. AGENCE DE VOYAGES 4. VOITURE
5. ACTIVITES 6. AGENCE DE VOYAGES
7. ACTIVITES 8. VOITURE 9. AGENCE
DE VOYAGES 10. VOITURE

Activité C

Chez les Français, les vacances annuelles sont sacrées, mais le seront-elles dans dix ans? Actuellement, les salariés français ont droit à cinq semaines de congés payés par an. En Allemagne, la durée des vacances est encore plus longue. Peut-être faudra-t-il que les grandes puissances européennes établissent un nouvel équilibre entre le travail et la détente de leurs citoyens. Elles pourront ainsi trouver des solutions à certains problèmes économiques. Mais qu'auront-elles fait pour améliorer la qualité de la vie?

Activité D

1. Je partirai de New York à six heures.
2. J'arriverai à Paris à dix-neuf heures.
3. Je voyagerai avec Air France.
4. Je visiterai Notre-Dame, le Louvre et la tour Eiffel.
5. J'irai à Chartres le vingt et un juillet.
6. J'irai à Chartres en autocar.
7. J'arriverai à Nice le trois août à onze heures.
8. Je prendrai le train.
9. La date de mon retour aux Etats-Unis est le quinze août.
10. J'arriverai à New York à neuf heures.

Activité E

1. Oui, si gagne assez d'argent, je ferai un voyage.
2. Oui, quand je ferai ce voyage, je prendrai l'avion.
3. Oui, j'irai aux Etats-Unis si je peux faire des économies.
4. Oui, lorsque je serai aux Etats-Unis, j'irai voir mes copains américains.
5. Oui, si j'ai le temps, je visiterai beaucoup de villes.

Activité F

1. Si j'avais assez d'argent, j'aiderais à protéger l'environnement.
2. Si j'avais assez d'argent, je développerais un système pour assurer de la nourriture pour les pauvres.
3. Si j'avais assez d'argent, je contribuerais à la recherche médicale.
4. Si j'avais assez d'argent, je travaillerais pour changer le système médical dans ce pays.
5. Si j'avais assez d'argent, j'organiserais des programmes d'échanges pour améliorer les rapports internationaux.
6. Si j'avais assez d'argent, je créerais de nouvelles bourses pour les étudiants.

Activité G

1. Seriez-vous libre à cinq heures?
2. Pourriez-vous m'accompagner à l'aéroport?
3. Pourrions-nous prendre le RER pour y aller?
4. Sauriez-vous le prix du billet pour y aller?
5. Auriez-vous la monnaie de quinze euros?
6. Voudriez-vous dîner à l'aéroport?

Activité H

1. J'aurais peut-être cherché un poste à la banque.
2. Je me serais peut-être marié(e).
3. J'aurais peut-être travaillé dans une boutique.
4. Je serais peut-être entré(e) dans le Corps de la Paix.
5. J'aurais peut-être fait une carrière dans le cinéma.
6. Je serais peut-être devenu(e) écrivain.

Activité I

Télé-Pratic

Le _____ à _____ heures _____

Pour M. Sabatier

Pendant que vous n'étiez pas là,

Mme Nicole Massin

Tel. 03 42 78 52 51

a téléphoné ☑   est passé(e) vous voir ☐
demande de le (la) rappeler ☑
vous rappellera ☐
désire un rendez-vous ☐
a laissé ce message: ☑

(Answers will vary.) Cette dame, qui s'occupe des gîtes ruraux, a trois sites à vous proposer: un près d'une plage, un près d'un lac en montagne, un près d'une station de ski. Elle désire que vous la rappeliez avant dix-neuf heures ce soir, ou lundi pendant la journée, pour discuter des prix et de vos préférences.

Activité J

1. b 2. b 3. c 4. a

Activité K

1. The conversation takes place at the end of the semester, after the final exams.

2. The celebration will take place Saturday night at the youth and arts center.

3. The students of Mr. Martin's math class as well as Mr. Martin himself will be invited.

4. It will not be expensive to use the room for the party since the center only requires a security deposit which is refunded if the room is clean after the party.

5. With a "potluck" gathering, one never knows what one ends up with. There could be lots of drinks but an insufficient amount of food, which could be a problem.

6. Sylvie is going to call all the girls and ask them to bring something to drink. Laurent will call the boys and ask them to bring food. Jean-Luc will call the youth and arts center to reserve the room for the party, and he will also call Mr. Martin to invite him to the party.

Activités écrites

Activité A

Answers for the second part of each question will vary.

1. recevras 2. resterez 3. viendront 4. feras
5. iras; viendras 6. travailleras 7. auras 8. feront
9. auras; écriras

Activités B, C, D

Answers will vary.

Activité E

The second part of each answer will vary.

1. Quand je recevrai mon diplôme..., 2. Quand le président de l'université fera son discours..., 3. Quand le photographe prendra une photo des étudiants..., 4. Quand mes parents me féliciteront...

Activités F, G, H, I, J, K

Answers will vary.

Activité L

1. se terminera 2. voudriez 3. arriverez 4. pouviez
5. irez 6. ferez 7. pouvez (pouviez) 8. ferez 9. pouvais
10. serez 11. auriez (encore) pu 12. visiterez
13. rentrez, partirez

Activités M, N

Answers will vary.

LABORATORY AUDIO SCRIPT

Chapitre 1 *Le commerce et la consommation*

Perspectives

CD1-2 **A. Pour préparer un repas.** Listen carefully to the following conversation between Marc and Anne-Marie, his French friend. Then indicate whether the statements below are true or false by writing "V" vrai (true) or "F" faux (false) next to each statement. You may listen to the conversation as many times as necessary.

MARC: Anne-Marie, je suis un excellent chef de cuisine et je vais t'inviter à un dîner mémorable chez moi ce soir.

ANNE-MARIE: Tu prépares un grand repas pour nous? Je ne résiste pas.

MARC: Bon. Mais d'abord nous allons être obligés d'aller au supermarché. J'ai besoin de beaucoup de provisions.

ANNE-MARIE: C'est un repas traditionnel?

MARC: Traditionnel? Oui et non. Le menu est traditionnel, mais la préparation est originale! Pour commencer, je vais faire une soupe à l'oignon. Ensuite nous allons manger un peu de quiche au jambon.

ANNE-MARIE: J'ai justement une bouteille de vin blanc pour accompagner ça.

MARC: Un excellent choix, mademoiselle, car je vais aussi préparer un poulet rôti.

ANNE-MARIE: Avec des haricots verts au beurre?

MARC: Non, non. Je préfère les pommes de terre et, après le poulet, une salade verte, du fromage et des fruits.

ANNE-MARIE: Hmm! Allons tout de suite au supermarché. Je vais t'aider à préparer ce repas.

MARC: Je ne refuse pas.

Vocabulaire actif

CD1-3 **B. Un dîner français.** Your French class is planning an authentic French dinner. One member of the class has prepared a questionnaire to determine people's food preferences. Tell whether you like or dislike each food item or drink mentioned.

MODELES   YOU HEAR: Est-ce que tu aimes le poisson?
               YOU SAY: Oui, j'aime le poisson.
               OR   Non, je déteste le poisson.
               YOU HEAR: Et le porc?
               YOU SAY: Je déteste le porc.
               OR   J'aime le porc.

1a. Est-ce que tu aimes le café?
Oui, j'aime le café.
Non, je déteste le café.

1b. Et le thé?
J'aime le thé.
Je déteste le thé.

2a. Est-ce que tu aimes le lait?
Oui, j'aime le lait.
Non, je déteste le lait.

2b. Et le yaourt?
J'aime le yaourt.
Je déteste le yaourt.

3a. Est-ce que tu aimes les légumes surgelés?
Oui, j'aime les légumes surgelés.
Non, je déteste les légumes surgelés.

3b. Et les fruits surgelés?
J'aime les fruits surgelés.
Je déteste les fruits surgelés.

4a. Est-ce que tu aimes les haricots verts?
Oui, j'aime les haricots verts.
Non, je déteste les haricots verts.

4b. Et les petits pois?
J'aime les petits pois.
Je déteste les petits pois.

5a. Est-ce que tu aimes le chou?
Oui, j'aime le chou.
Non, je déteste le chou.

5b. Et le chou-fleur?
J'aime le chou-fleur.
Je déteste le chou-fleur.

CD1-4 C. Un petit test sur l'alimentation. For each food or drink given, name the food group to which it belongs. Choose from the list of food groups given.

> MODELE   YOU HEAR: les ananas
> YOU SAY: les fruits

1. les courgettes
   les légumes
2. le bœuf
   les viandes
3. les pêches
   les fruits
4. le beurre
   les produits laitiers
5. le jambon
   les viandes

6. le yaourt
   les produits laitiers
7. le thon
   les poissons et les fruits de mer
8. les aubergines
   les légumes
9. le poulet
   les volailles
10. les poivrons
    les légumes

CD1-5 D. Faire les courses. Although supermarkets are available, many French people prefer to buy their food in small neighborhood shops. In which shop is each of the following foods available?

> MODELE   YOU HEAR: du beurre
> YOU SAY: On achète du beurre à la crémerie.

1. du café
   On achète du café à l'épicerie.
2. du jambon
   On achète du jambon à la charcuterie.
3. une baguette
   On achète une baguette à la boulangerie.
4. du fromage
   On achète du fromage à la crémerie.
5. du bœuf
   On achète du bœuf à la boucherie.

6. des croissants
   On achète des croissants à la boulangerie.
7. des salades composées
   On achète des salades composées à la charcuterie.
8. de la farine
   On achète de la farine à l'épicerie.
9. des oignons
   On achète des oignons à l'épicerie.
10. des tartelettes
    On achète des tartelettes à la pâtisserie.

CD1-6 E. Samedi matin. Anne-Marie explains to Marc the importance of open-air markets in France. The following passage will be read three times. During the first reading, listen to the text—do not write. During the second reading, fill in the blanks with the words that you hear. Finally, during the third reading, check your work and fill in any words you may have missed.

On aime bien le samedi dans les villes et villages de France. C'est un jour de marché. Le matin, les commerçants apportent leurs marchandises sur la place du marché. Bientôt, les clients arrivent. Ils comparent la qualité et le prix des produits et marchandent avec les vendeurs. On n'aime jamais trop dépenser, n'est-ce pas?

Structures

CD1-7 F. A la boulangerie-pâtisserie. Listen carefully and complete the following conversation between Christine and Monsieur Jacques, the baker. The conversation will be heard three times. The first time you hear the conversation, listen carefully but do not write. During the second reading, fill in the verbs that are missing. During the third reading, check your work and fill in any words that you may have missed.

M. JACQUES: Bonjour, mademoiselle.
CHRISTINE: Bonjour, Monsieur Jacques. Mme Jacques et les enfants ne <u>travaillent</u> pas au magasin aujourd'hui?
M. JACQUES: Si, bien sûr, mais Mme Jacques <u>prépare</u> des pâtisseries en ce moment, et les enfants <u>font</u> des courses. Le samedi nous <u>avons</u> besoin de beaucoup de mains.
CHRISTINE: Eh bien, j'ai besoin d'un grand pain et d'une baguette, s'il vous plaît.
M. JACQUES: Voilà, mademoiselle, un grand pain et une baguette. Et avec ça?
CHRISTINE: J'<u>ai</u> envie d'acheter des croissants pour le petit déjeuner de demain. Ils sont frais?
M. JACQUES: Ah oui, mademoiselle. Mais si c'<u>est</u> pour manger demain, <u>enveloppez</u> les croissants dans un plastique.
CHRISTINE: C'<u>est</u> une bonne idée. <u>Donnez</u>-moi donc quatre croissants.

M. JACQUES: Voilà, mademoiselle. Vous <u>aimez</u> les pâtisseries? Elles <u>sont</u> bien fraîches!

CHRISTINE: Tout ça <u>est</u> délicieux, bien sûr; mais je <u>résiste</u> à la tentation. Non, c'est tout pour aujourd'hui. Je <u>pense</u> qu'il y a de la place dans mon filet pour les croissants, la baguette et le grand pain. Au revoir, Monsieur Jacques. Bonjour à Mme Jacques.

M. JACQUES: Merci. Au revoir, mademoiselle.

CD1-8 G. Le dîner français (suite). You are assigning duties for the French class dinner. Tell the following person or persons to carry out each task. Listen carefully to the auditory cue for each task.

> MODELE   YOU SEE: Louise
> YOU HEAR: acheter du fromage
> YOU SAY: Louise, achète du fromage!

1. acheter du pain
   Monique et Simon, achetez du pain!
2. inviter les étudiants de l'autre classe
   Yves, invite les étudiants de l'autre classe!
3. aller à la crémerie avec Louise
   Georges, va à la crémerie avec Louise!
4. apporter des disques de musique française
   Apportez des disques de musique française!
5. décorer la salle de classe
   Chantal et Maurice, décorez la salle de classe!
6. préparer les quiches
   Marguerite, prépare les quiches!

CD1-9 H. Le week-end prochain. Marcel and his mother are discussing his routine and that of his friends. Each time his mother asks if someone does something on a regular basis, Marcel says no, but the person is going to do it on the upcoming weekend. Play the role of Marcel.

> MODELE   YOU HEAR: Est-ce que tu dînes souvent en ville?
> YOU SAY: Non, mais je vais dîner en ville ce week-end.

1. Est-ce que tu étudies souvent à la bibliothèque?
   Non, mais je vais étudier à la bibliothèque ce week-end.
2. Est-ce que tes amis et toi, vous allez régulièrement au cinéma?
   Non, mais nous allons aller au cinéma ce week-end.
3. Est-ce que tu regardes souvent la télé?
   Non, mais je vais regarder la télé ce week-end.
4. Est-ce que ton camarade de chambre prépare des repas de temps en temps?
   Non, mais il va préparer des repas ce week-end.
5. Est-ce que tu fais souvent du tennis?
   Non, mais je vais faire du tennis ce week-end.
6. Est-ce que tes amis et toi, vous discutez souvent de politique?
   Non, mais nous allons discuter de politique ce week-end.

CD1-10 I. Les préférences. You have just conducted a survey on the food preferences of the following people. Using the notes that you took, reconstruct their answers in full sentences.

> MODELE   YOU HEAR: Est-ce que Paul préfère le bœuf ou le jambon comme viande?
> YOU SEE: Paul / préférer / bœuf comme viande
> YOU SAY: Paul, il préfère le bœuf comme viande.

1. Est-ce que Solange préfère le bœuf ou le jambon comme viande?
   Solange, elle préfère le jambon comme viande.
2. Est-ce que Gustave aime les aubergines?
   Gustave, il adore les aubergines.
3. Est-ce que Richard et Marthe aiment le chou-fleur?
   Richard et Marthe, ils détestent le chou-fleur.
4. Est-ce que Claudine aime les oignons?
   Claudine, elle déteste les oignons.
5. D'habitude, qu'est-ce que Vincent commande comme légume?
   D'habitude, Vincent, il commande des pommes de terre.
6. D'habitude, qu'est-ce que Lisette et Sylvie commandent?
   D'habitude, Lisette et Sylvie, elles commandent du poisson.
7. Est-ce qu'Eugène achète souvent de l'eau minérale?
   Eugène, il achète rarement de l'eau minérale.
8. Est-ce que Corinne et André mangent beaucoup de pain?
   Corinne et André, ils mangent très peu de pain.

Pratique

J. You are doing a summer internship in France in a small family-owned business. When you return from lunch you find a message on the answering machine. Write down the message for your employer. Be as detailed as possible.

Allô M. Sabatier, c'est Raymond Courchay ici à l'appareil. Mon numéro, je suis au 03-45-84-72-00 et j'appelle donc le 7 juin aujourd'hui à 13 heures 30. Je vous appelle parce que j'ai le camion là avec les fournitures, alors je peux vous livrer tout ça demain après-midi, si ça vous convient. Je devrais être dans le quartier demain après-midi. Donc si ça ne vous va pas, si demain ne vous va pas, alors, est-ce-que vous pourriez me rappeler aujourd'hui avant six heures du soir, afin que nous puissions trouver un autre moment ou un autre jour où je pourrais venir avec le camion? Bon, je vous remercie beaucoup. Au revoir, monsieur.

K. Un régime raisonnable. Three friends are discussing dieting. Listen carefully to the conversation. Then select the best answer from the choices provided. Reading the questions first will help focus your listening.

—Salut Janine, comment vas-tu?
—Oh, salut Bertrand. Et toi?
—Ben, ça va. Qu'est-ce que tu fais ici?
—Ah écoute, m'en parle pas. Oh ben, tiens!
—Bonjour! Bonjour Janine. Bonjour Bertrand.
—Bonjour Nadine.
—Ah ben, c'est sympa!
—Vous venez souvent ici?
—Oui...
—Ah écoute, on en parlait justement, figure-toi que je suis là deux fois par semaine.
—Mais pourquoi?
—Ben, parce que j'ai commencé un régime alimentaire.
—Moi aussi.
—Et figure-toi que je ne mange que des fruits.
—Oh!
—Ben, ça doit être dur, ça.
—Ah, extrêmement dur.
—Ah ben, écoute, je te conseille plutôt mon régime à moi: je ne mange que des viandes et des... et des protéines.
—Alors, moi, je ne mange donc que des fruits. Alors, je vais t'expliquer: je commence, le matin, au petit déjeuner avec des fraises et une pomme. Et des fraises, quelques-unes, seulement, bien sûr.
—Oh!
—Ensuite, plus rien. Et à midi, des bananes avec du melon.
—Hum, hum.
—Et puis, le soir, un petit peu ce que je veux, là je n'ai pas de... de fruits qui sont obligatoires...
—Et pas de légumes?
—Ah non, rien du tout. Que des fruits, vraiment.
—Et pas de lait, non plus?
—Non, non! Des fruits, point.
—Ça doit être terriblement difficile.
—Mais tu dois avoir faim tout le temps. Je suis sûre que tu grignotes des choses sans arrêt.
—Ben eh! Alors non seulement j'ai faim, mais alors je me sens très faible.
—Mais oui!
—Mais oui! T'as perdu du poids?
—Ah oui, ça pour perdre du poids, j'en ai perdu.
—Ça se voit.
—Mais alors je suis fatiguée, j'arrive pas à me concentrer...enfin t'as qu'à voir la tête que j'ai.
—Mais toi aussi, Bertrand, je te trouve pas très en forme. Ton régime, ça marche là?
—Ben, ça marche doucement quand même. Mais peut-être que je... J'ai trop essayé de limiter tout ce qui était produits laitiers euh... des choses comme ça. Je me restreins essentiellement à la viande, hein... heu...
—Alor, tu ne manges que de la viande?
—Je ne mange que de la viande, oui, alors des viandes pas grasses naturellement. Pas beaucoup de bœuf mais beaucoup de poulet, du porc qui peut être une viande maigre s'il n'y a pas de gras autour...
—Et du poisson?
—Du poisson également, voilà... Des œufs. Euh, mais alors vraiment absolument aucune matière grasse et pas de lait, par exemple. Pas de produits laitiers.
—Alors donc, comment tu manges ton poisson? Juste au four comme ça?

—Grillé, au four.

—Et avec des légumes?

—Ben non. Le moins possible parce que ça bourre.

—Mais c'est absurde! Non, non, non. Moi je trouve que c'est... ça va pas du tout comme régime. Ecoutez, moi, je fais un régime qui est beaucoup plus raisonnable que ça. J'ai trouvé ça dans un magazine. J'ai commencé il y a un mois et j'ai déjà perdu trois kilos et je suis en pleine forme.

—Ah bon!

—Oui.

—Et qu'est-ce que tu manges, alors?

—Ben, moi, je mange un peu de tout. C'est... c'est très raisonnable. Il y a pas vraiment de limites. Ce qu'il faut c'est ne pas manger entre les repas et puis, évidemment ne pas trop manger de sucre. Par exemple, le matin, dans mon thé, je ne mets pas de sucre, je mets un tout petit peu de confiture sur ma tartine. Bon mais, le midi et le soir je prends des repas normaux euh... Même je peux manger un peu de gâteau, boire un petit peu de vin de temps en temps. Non, moi je vous recommande, hein! Vraiment vous devriez faire ça, ça marche très, très bien.

—Et tu as perdu du poids?

—Oui! Ben, ça se voit pas?

—Ben oui, mais enfin quand même... Je ne sais pas, combien exactement tu as dit?

—J'ai perdu trois kilos en un mois, c'est quand même pas mal!

—Trois kilos en un mois. C'est exactement ce que j'ai perdu, moi aussi.

—Vous savez ce que je vous propose... Moi, je vais vous inviter à dîner chez moi et vous allez faire l'essai de mon régime. Qu'est-ce que ça vous dit?

—Ben oui, eh. C'est sympa!

—Oh moi je veux bien. Moi je suis épuisée. Alors là vraiment tu tombes bien, j'arrive.

—Eh ben!

—Moi aussi.

—On fait ça demain soir?

—Parfait!

—C'est bon. Ouais. Ouais.

—D'accord, alors à demain.

—A demain.

—A demain.

CD1-13 L. Le secret de ma recette préférée. You will hear a conversation in which Gaston explains his favorite recipe to Etienne. Read the questions first. Then listen carefully to the conversation. Finally, answer the questions.

—Salut Gaston, comment ça va?

—Ça va... Et toi, Etienne?

—Bah écoute, ça va bien. Je te félicite pour ta fameuse tarte, dis-donc.

—Ah, merci. C'était une bonne fête, on s'est bien amusés, hein!

—On s'est bien amusés, mais alors, vraiment, quel chef, quel chef cuisinier tu es.

—Ah, ça t'a plu, hein?

—Il faut que tu me dises ce que tu mets dedans!

—Ah, mais je sais pas si je peux faire ça. C'est une vieille recette de famille. Euh... Je ne sais pas si.....

—Allez, allez. Dis-moi, dis-moi un peu.

—Bon, d'accord, je te révèle le secret alors. Ecoute, il te faut des pommes, du sucre, de la farine et attention, voilà l'ingrédient secret: un peu de jus de citron.

—Ah, ah.

—Bon, bien sûr, hein, il te faut du beurre aussi. Oui, un autre secret aussi, c'est la vanille, hein, il te faut un peu de vanille et bien sûr des raisins secs.

—Et alors, dis...

—Oui?

—Et ben dis donc, il y en a des choses dans ta tarte!

—Oui, mais attention, il faut faire très attention. Il faut que tu achètes tes pommes, hein, il faut que ce soit des pommes bien fraîches que tu achètes au marché, hein, pas au supermarché où elles traînent pendant des semaines là, au marché. Et aussi, euh, fais bien attention, hein, quand tu as... quand tu as fait ta pâte, hein, il ne faut pas faire cuire trop, trop longtemps... peut-être vingt minutes, hein, pour que la pâte soit bien croustillante.

—D'accord, mais dans un four à quelle sorte de température?

—Oh, à température moyenne, à four moyen tu fais ça. C'est bon. Et puis, heu, fais bien attention, hein, quand tu mets, heu, quand tu mets la farine aussi, ne mets pas trop de farine, hein, pour que la pâte soit bien légère, hein, et je vais t'écrire... Je vais t'écrire tous les ingrédients sur un bout de papier avec les quantités exactes.

—Bien, c'est une bonne idée mais j'aimerais bien te voir, euh, à la tâche, si j'ose dire. Et peut-être que j'apprendrai comme ça. Est-ce que je pourrais venir chez toi voir comment tu fais?

—Très bien, écoute, on peut faire ça ce week-end. Viens donc chez moi et je te donnerai une démonstration gratuite.

—D'accord. Parfait! Bonne idée!

—Donc, à dimanche.

—A dimanche.

Chapitre 2 *Modes de vie*

Perspectives

CD1-14 **A. Philippe prépare le bac.** Listen carefully to the following conversation between Philippe and Marc. Then indicate whether the statements below are true or false by writing "V" vrai (true) or "F" faux (false) next to each statement. You may listen to the conversation as many times as necessary.

> PHILIPPE: Marc, je descends au café retrouver mes copains du lycée. Veux-tu venir avec moi?
> MARC: Volontiers. Mais, dis-moi, Philippe, est-ce que les jeunes Français fréquentent souvent les cafés le soir?
> PHILIPPE: Ah, oui. Moi, par exemple, trois ou quatre fois par semaine, après le dîner, je passe une petite heure au café avec mes amis. Ça fait beaucoup de bien.
> MARC: Mais avec le bac que tu dois préparer, n'as-tu pas l'impression de perdre ton temps au café?
> PHILIPPE: Ecoute, Marc. Mes journées sont surchargées: je me lève tôt, je travaille, je fais mes devoirs et je mène une vie très disciplinée. Mais nous avons tous besoin de nous détendre aussi.
> MARC: Cela me semble raisonnable.

Vocabulaire actif

CD1-15 **B. Aujourd'hui, un jour comme les autres.** During the week, when it is necessary to wake up and get going to classes or to work, most people have a more or less fixed morning routine. The following routine is typical for Béatrice. Use the cues to form complete sentences that describe Béatrice's usual activities.

> MODELE   YOU HEAR: se réveiller tôt
> YOU SAY: Elle se réveille tôt.

1. se lever tout de suite
   Elle se lève tout de suite.
2. prendre une douche
   Elle prend une douche.
3. s'habiller rapidement
   Elle s'habille rapidement.
4. se maquiller
   Elle se maquille.
5. se coiffer
   Elle se coiffe.

6. ne pas avoir très faim
   Elle n'a pas très faim.
7. avoir envie d'un café au lait
   Elle a envie d'un café au lait.
8. se brosser les dents
   Elle se brosse les dents.
9. se dépêcher pour arriver à l'heure
   Elle se dépêche pour arriver à l'heure.

CD1-16 **C. Le week-end, c'est autre chose.** The weekend is an opportunity for many people to vary their daily schedules. The following cues describe changes that Béatrice makes in her weekend schedule. Use them to form complete sentences that describe her activities.

> MODELE   YOU HEAR: se réveiller à dix heures
> YOU SAY: Elle se réveille à dix heures.

1. se lever tard
   Elle se lève tard.
2. prendre des céréales au petit déjeuner
   Elle prend des céréales au petit déjeuner.

3. se laver
   Elle se lave.
4. s'habiller lentement
   Elle s'habille lentement.

5. ne pas se maquiller
   Elle ne se maquille pas.
6. prendre une deuxième tasse de café
   Elle prend une deuxième tasse de café.
7. réfléchir à ses activités du week-end
   Elle réfléchit à ses activités du week-end.

8. perdre du temps, mais ce n'est pas grave
   Elle perd du temps, mais ce n'est pas grave.
9. ne pas s'inquiéter
   Elle ne s'inquiète pas.
10. se détendre
    Elle se détend.

CD1-17 **D. Interrogation de vocabulaire.** For each clue, choose the word from the list below that most accurately completes the sentence. Always give your answer in a complete sentence. Be sure to put each verb in the appropriate form.

> **MODELE** YOU HEAR: Quelquefois, quand Solange étudie beaucoup, elle n'a pas le temps de manger. Elle...
> YOU SAY: Elle a faim.

1. Solange est très, très nerveuse. On peut dire qu'elle...
   On peut dire qu'elle a le trac.
2. Elle étudie beaucoup et, en général, elle n'a pas de problèmes. D'habitude, elle...
   D'habitude, elle réussit à ses examens.
3. Solange est nerveuse parce qu'aujourd'hui, elle va...
   Elle va passer un examen.
4. Elle fait toujours le travail que le professeur lui donne. C'est-à-dire qu'elle fait...
   Elle fait ses devoirs.
5. Elle a même fait une présentation orale. Elle a fait...
   Elle a fait un exposé.
6. Même après toutes ses préparations, elle a peur de...
   Elle a peur de rater l'examen.
7. Elle a étudié toute la nuit et maintenant, elle...
   Elle a sommeil.
8. Après l'examen, elle a l'intention d'aller au café avec...
   Elle a l'intention d'aller au café avec ses copines.

CD1-18 **E. La famille moderne.** Philippe is talking to Marc about his opinions on family life in modern society. The following passage will be read three times. During the first reading, listen to the text—do not write. During the second reading, fill in the blanks with the words that you hear. Finally, during the third reading, check your work and fill in any words you may have missed.

Nous ne pouvons plus dire qu'il n'y a qu'un seul type de modèle familial. Dans la société moderne, les familles ne se ressemblent pas toujours. Nous devons nous rendre compte que les enfants ne sont plus nécessairement élevés par deux parents. Mais, si la composition des familles évolue depuis quelques années, les devoirs des parents ne changent pas. On ne peut négliger ni le développement intellectuel, ni la santé physique, ni l'éducation morale des enfants.

Structures

CD1-19 **F. L'étudiant(e) idéal(e).** If the perfect student existed, he or she would probably answer yes to the following questions. Play the role of the perfect student and answer each question affirmatively.

> **MODELE** YOU HEAR: Est-ce que tu finis toujours tes devoirs?
> YOU SAY: Oui, je finis toujours mes devoirs.

1. Est-ce que tu étudies le week-end?
   Oui, j'étudie le week-end.
2. Est-ce que tu réfléchis avant de répondre aux questions?
   Oui, je réfléchis avant de répondre aux questions.
3. Est-ce que tu réussis aux examens?
   Oui, je réussis aux examens.
4. Est-ce que tu te lèves de bonne heure?
   Oui, je me lève de bonne heure.
5. Est-ce que tu t'entends bien avec les profs?
   Oui, je m'entends bien avec les profs.
6. Est-ce que tu es toujours à l'heure aux cours?
   Oui, je suis toujours à l'heure aux cours.
7. Est-ce que tu obéis toujours aux professeurs?
   Oui, j'obéis toujours aux professeurs.
8. Est-ce que tu te couches de bonne heure?
   Oui, je me couche de bonne heure.

CD1-20 G. L'étudiant typique. Edmond is a more typical student. He tries to balance his studies with sports, hobbies, meeting other students, and the learning experience of life on campus. Play the role of Edmond and use the cues to answer the following questions.

> MODELE   YOU HEAR: Est-ce que tu te couches de bonne heure?
> YOU SEE: non / très tard
> YOU SAY: Non, je me couche très tard.

1. A quelle heure est-ce que tu te lèves?
   Je me lève à sept heures.
2. Est-ce que tu t'amuses à l'université?
   Oui, je m'amuse beaucoup à l'université.
3. Est-ce que tu t'inquiètes au sujet des notes que tu reçois?
   Non, je ne m'inquiète pas au sujet des notes que je reçois.
4. Est-ce que tu finis toujours tes devoirs?
   Non, je ne finis pas toujours mes devoirs.
5. Est-ce que tu es quelquefois en retard aux cours?
   Oui, je suis quelquefois en retard aux cours.
6. Est-ce que tu t'entends bien avec les professeurs?
   Oui, je m'entends bien avec les professeurs.
7. Est-ce que tu vends tes livres à la fin du semestre?
   Oui, je vends souvent mes livres à la fin du semestre.
8. Est-ce que tu te débrouilles bien aux examens?
   Oui, la plupart du temps je me débrouille bien aux examens.

CD1-21 H. Et vous? Answer the following questions truthfully using complete sentences.

> MODELE   YOU HEAR: D'habitude, est-ce que vous vous couchez de bonne heure?
> YOU SAY: Oui, je me couche de bonne heure.
> OR   Non, je ne me couche pas de bonne heure.

1. D'habitude, est-ce que vous vous levez très tard le matin?
   Oui, d'habitude, je me lève très tard le matin.
   Non, d'habitude, je ne me lève pas très tard le matin.
2. Est-ce que vous vendez vos livres à la fin du semestre?
   Oui, je vends mes livres à la fin du semestre.
   Non, je ne vends pas mes livres à la fin du semestre.
3. Est-ce que vous aimez faire des exposés en classe?
   Oui, j'aime faire des exposés en classe.
   Non, je n'aime pas faire des exposés en classe.
4. Est-ce que vous étudiez beaucoup à la bibliothèque?
   Oui, j'étudie beaucoup à la bibliothèque.
   Non, je n'étudie pas beaucoup à la bibliothèque.
5. D'habitude, est-ce que vous mangez sur le pouce le matin?
   Oui, d'habitude, je mange sur le pouce le matin.
   Non, d'habitude, je ne mange pas sur le pouce le matin.
6. Est-ce que vous vous inquiétez au sujet des notes que vous recevez?
   Oui, je m'inquiète au sujet des notes que je reçois.
   Non, je ne m'inquiète pas au sujet des notes que je reçois.
7. Est-ce que vous avez peur des examens?
   Oui, j'ai peur des examens.
   Non, je n'ai pas peur des examens.
8. Est-ce que vous attendez les vacances avec impatience?
   Oui, j'attends les vacances avec impatience.
   Non, je n'attends pas les vacances avec impatience.

CD1-22 I. Interview. You are preparing to interview a French-speaking exchange student from Senegal who is spending a semester at your university. Using the notes you've taken as cues, form the questions that you will ask the exchange student.

> MODELE   YOU SEE: passer beaucoup d'examens au Sénégal
> YOU SAY: Est-ce que tu passes beaucoup d'examens au Sénégal?

1. D'habitude, à quelle heure est-ce que tu te lèves?
2. Est-ce que tu prends le déjeuner au restaurant universitaire?
3. Combien de cours est-ce que tu as?
4. Est-ce que tu as beaucoup de devoirs à faire?
5. Est-ce que tu as souvent le trac?
6. Est-ce que tu réussis souvent aux examens?
7. Est-ce que tu dois étudier d'autres langues étrangères?
8. Est-ce que tu te détends le week-end?
9. Est-ce que tu finis toujours tes devoirs?
10. Depuis quand est-ce que tu étudies le français?

CD1-23 J. Une attitude négative. You got up on the wrong side of the bed this morning. No matter what your roommate says, you say the opposite. Use the cues to respond negatively to each of your roommate's comments and questions.

MODELE   YOU HEAR: Tout le monde vient à la soirée samedi.
                    YOU SEE: Personne ne...
                    YOU SAY: Non, personne ne vient à la soirée samedi.

1. Nous organisons toujours la première soirée de l'année.
   Non, nous n'organisons jamais la première soirée de l'année.
2. Il y a beaucoup de Coca dans le frigo.
   Non, il n'y a plus de Coca dans le frigo.
3. Tu veux faire des courses avec moi?
   Non, je ne veux pas faire de courses avec toi.
4. Est-ce que tu as trouvé les cassettes?
   Non, je n'ai pas encore trouvé les cassettes.
5. Est-ce que nous oublions quelque chose?
   Non, nous n'oublions rien.
6. Est-ce que tu as invité Louise à la soirée?
   Non, je n'ai invité personne à la soirée.
7. Tu as l'air très triste. Es-tu malade?
   Non, je ne suis pas malade.

Pratique

CD1-24 K. You are doing a summer internship in France in a small family-owned business. When you return from lunch you find a message on the answering machine. Write down the message for your employer. Be as detailed as possible.

Allô Jean-Luc. C'est Denise. C'est vendredi, il est midi et quart. Dis donc, Christian est malade. Je vais être obligée de l'amener chez le docteur cet après-midi. Je ne pense pas que ça soit sérieux. C'est certainement la grippe. Ben, écoute, comme tu n'es pas là, je rappellerai après le docteur pour te dire si tu dois t'arrêter à la pharmacie en revenant du travail... au cas où il y a des médicaments à prendre. A plus tard. Au revoir. T'inquiète pas.

CD1-25 L. La France et l'Amérique. Listen carefully to the following conversation between Béatrice and Christine. Then circle the letter of the statement that best answers each question. You may listen to the conversation as many times as necessary.

BÉATRICE: Christine, je dois finir mon exposé sur la vie des jeunes en Amérique pour le cours de civilisation américaine. Veux-tu m'aider un peu?
CHRISTINE: Bien sûr, Béatrice. Est-ce que tu réfléchis à ça depuis longtemps?
BÉATRICE: Depuis assez longtemps, oui. Mais je me rends compte que les bouquins ne répondent pas vraiment à mes questions. Par exemple, les élèves américains doivent-ils se présenter à un examen national, comme en France, s'ils veulent faire des études universitaires?
CHRISTINE: Aux Etats-Unis, il n'y a pas d'examen comme le bac français. Même si nous recevons un diplôme, nous ne pouvons pas entrer automatiquement à l'université.
BÉATRICE: Alors, si je comprends bien, il n'y a pas de bac chez vous mais vous recevez un diplôme qui marque la fin des cours de «high school».
CHRISTINE: Voilà. Ensuite, il faut se débrouiller pour trouver une université, et ce n'est pas toujours facile.
BÉATRICE: J'ai l'impression qu'en France, nous nous inquiétons surtout avant la fin du lycée et qu'en Amérique, vous vous inquiétez après.
CHRISTINE: Je crois que tu as raison.

M. La terminale. Listen carefully as three friends discuss their courses, their professors, and their feelings about the upcoming bac examination. Then answer the questions. Reading the questions first will help focus your listening.

—Oh là là, c'est la panique! Je ne sais pas où est-ce que vous en êtes, mais alors moi dans les révisions du bac, pour l'instant, je n'ai fait que la moitié du programme de chimie. Je ne sais pas comment je vais m'y prendre. Je suis débordée par le travail.

—Oh, ben, écoute, tu sais... il faut se donner un emploi du temps: regarde, moi, je me lève tous les matins à sept heures, je travaille de sept à neuf, je fais... j'ai déjà fait les trois quarts des révisions de maths, de chimie et je commence l'anglais maintenant, ça va.

—Ah ben, tu as de la chance, hein, je ne sais pas comment m'y prendre.

—Oh mais il faut pas t'en faire! Pouh là là, moi je travaille pas tellement, hein. Je vais au cours... J'ai des bons professeurs, ça c'est bien, je prends des notes pendant les cours. J'ai un professeur de philosophie extraordinaire, un bon professeur d'histoire. Bon, j'écoute pendant les cours, mais alors après c'est fini. Je travaille un petit peu le soir euh... je me mets le nez dans mes bouquins... une heure le week-end, mais sinon... non, moi je continue à sortir, je vois des copains et cetera hein...

—Moi je pense que tu n'étudies peut-être pas assez, tu sais. J'ai l'impression quand même que pour... pour passer un examen comme le bac il faut... il faut travailler. Moi je n'ai pas du tout l'intention de redoubler et de rater cet examen parce que plus tard... bon, ben, j'ai une carrière devant moi, alors bon, je travaille, je pense qu'il faut travailler.

—Ah oui, moi aussi, mais euh, écoute, j'ai pas le temps de tout faire. Moi je me sens absolument débordée. Je ne comprends pas comment tu peux sortir, moi je n'arrive pas. Tiens, je n'y pense même pas.

—Oh, mais c'est une question d'attitude... tu sais, Vincent, moi aussi, j'ai présenté ma candidature pour euh... pour une fac. Je voudrais faire la faculté d'arts plastiques et je sais qu'il faut travailler, mais là vraiment j'ai pas de problème. J'ai de bonnes notes. J'ai le temps de faire les devoirs mais, c'est, c'est tout, quoi.

—Ben, écoute, t'as de la chance, hein, vraiment!

—Ben, écoute... Tu sais Sylvie, s'il y a une matière qui t'ennuie, enfin, euh, qui te pose un problème particulier, surtout si c'est les maths, la chimie, je peux t'aider... je peux te donner des conseils parce que moi j'ai déjà fait toutes mes révisions pratiquement en maths et en chimie.

—Ben, écoute, j'aimerais bien, ça me soulagerait beaucoup.

—Et puis, Irène, qui est forte en français, en anglais et en philo, elle pourrait peutêtre te donner des idées aussi.

—Ah ben, je veux bien, ça me soulagerait beaucoup, hein!

—Ben écoute, c'est gentil mais j'ai pas vraiment le temps, là, en ce moment, tu vois, parce que ce soir je dois aller au cinéma, demain je vais à la patinoire et ce week-end, je vais camper avec des amis.

—Ah! Ce soir au cinéma, demain à la patinoire et après avec des amis. Ben, tu parles.

—Bon ben, écoute, Vincent, on peut faire ça tous les deux, moi, ça me ferait du bien, hein.

—Allez, d'accord.

—Ben, amusez-vous bien!

—Merci!

Chapitre 3 *La vie des jeunes*

Perspectives

A. Les loisirs des Fouché. Listen carefully to the following conversation between Marc and Mme Fouché. Then circle the letter of the choice that best completes each statement. You may listen to the conversation as many times as necessary.

MARC: Madame Fouché, je ne sais pas beaucoup de choses au sujet des Français. Est-ce que vous partez de temps en temps le week-end avec M. Fouché et le reste de la famille?

MME FOUCHE: Pendant que les enfants sont à l'école, ce n'est pas souvent possible, Marc. Vous savez que les élèves en France n'ont pas congé le samedi. Et beaucoup d'autres gens doivent aussi travailler. Ça ne laisse pas beaucoup de temps pour voyager.

MARC: Vos enfants ne s'ennuient-ils pas le week-end?

MME FOUCHE: Ils ne s'ennuient pas souvent. En général, ils passent leur temps avec leurs copains. En été, ils font du tennis, et en hiver, ils vont au cinéma.

MARC: Faites-vous aussi des activités en famille?

MME FOUCHE: Bien sûr. Nous sommes passionnés de vélo et chaque dimanche, s'il fait beau, nous partons ensemble faire un piquenique. C'est ma distraction préférée.

Vocabulaire actif

B. Interrogation de vocabulaire. Complete each sentence with the appropriate word or expression from the list below. Be sure to use the correct form of each term.

> **MODELE**   YOU HEAR: Elle fait du sport. Elle est...
>
> YOU SAY: Elle est sportive.

1. Il aime parler avec tout le monde. Il est...
   Il est bavard.
2. Angèle reçoit de l'argent de ses parents. Ils lui donnent de...
   Ils lui donnent de l'argent de poche.
3. Quand Béatrice n'a pas d'argent, elle sort avec ses amies et descend en ville. Béatrice n'achète rien, mais elle...
   Elle fait du lèche-vitrines.
4. Julien veut acheter une moto, mais d'abord il doit passer...
   Il doit passer le permis de conduire.
5. Corinne va voir tous les films. Elle est...
   Elle est passionnée de cinéma.
6. Lucien et Cécile adorent nager. Ils vont souvent...
   Ils vont souvent à la piscine.
7. L'équivalent de «high school» en français est...
   L'équivalent de «high school» en français est le lycée.
8. Le commencement des cours en septembre s'appelle...
   Le commencement des cours en septembre s'appelle la rentrée.

C. Une interview. You are being interviewed by a student from another French class as part of an assignment on young people in the United States. Answer the following questions truthfully.

> **MODELE**   YOU HEAR: Est-ce que tu aimes le volley?
>
> YOU SAY: Oui, j'aime le volley.
>
> OR   Non, je n'aime pas le volley.

1. Est-ce que tu fais souvent du lèche-vitrines?
   Oui, je fais souvent du lèche-vitrines.
   Non, je ne fais pas souvent de lèche-vitrines.
2. Est-ce que tu es sportif ou sportive?
   Oui, je suis sportive.
   Non, je ne suis pas sportif.
3. Est-ce que tu dépenses beaucoup d'argent?
   Oui, je dépense beaucoup d'argent.
   Non, je ne dépense pas beaucoup d'argent.
4. Est-ce que tu reçois de l'argent de poche de tes parents?
   Oui, je reçois de l'argent de poche de mes parents.
   Non, je ne reçois pas d'argent de poche de mes parents.
5. Est-ce que tu es passionné(e) de musique rock?
   Oui, je suis passionné(e) de musique rock.
   Non, je ne suis pas passionné(e) de musique rock.
6. Est-ce que tu as le permis de conduire?
   Oui, j'ai le permis de conduire.
   Non, je n'ai pas le permis de conduire.
7. D'habitude, est-ce que tu es libre le mercredi après-midi?
   Oui, d'habitude, je suis libre le mercredi après-midi.
   Non, d'habitude, je ne suis pas libre le mercredi après-midi.
8. Est-ce que tu fréquentes les restaurants en ville?
   Oui, je fréquente les restaurants en ville.
   Non, je ne fréquente pas les restaurants en ville.

D. La vie des jeunes. Marc is reading aloud from an article titled *La vie des jeunes*. The following passage will be read three times. During the first reading, listen to the text—do not write. During the second reading, fill in the blanks with the words that you hear. Finally, during the third reading, check your work and fill in any words you may have missed.

Dans la société actuelle, il est important de reconnaître que les jeunes sont de gros consommateurs. Pour la plupart, les quinze à vingt-cinq ans habitent toujours chez leurs parents. S'ils sont actifs dans le monde du travail, ils ont un salaire. S'ils n'exercent pas encore d'activité professionnelle, ils dépensent leur argent de poche: une centaine de francs par mois et souvent beaucoup plus!

Structures

CD2-6 E. De bons amis. Some people say that we are most attracted to those with whom we share values and physical or personality traits. This is true for Pauline and Roger. For each statement describing one of them, say that the other person also has the same trait. Use the appropriate form of the adjective.

> MODELES YOU HEAR: Roger est courageux.
> YOU SAY: Pauline est courageuse aussi.
>
> YOU HEAR: Pauline est sportive.
> YOU SAY: Roger est sportif aussi.

1. Roger est généreux.
   Pauline est généreuse aussi.
2. Pauline est imaginative.
   Roger est imaginatif aussi.
3. Roger est individualiste.
   Pauline est individualiste aussi.
4. Pauline est sérieuse.
   Roger est sérieux aussi.

5. Roger est naïf.
   Pauline est naïve aussi.
6. Pauline est intelligente.
   Roger est intelligent aussi.
7. Roger est canadien.
   Pauline est canadienne aussi.
8. Pauline est belle.
   Roger est beau aussi.

CD2-7 F. Un sondage. As part of a survey, the same statements were given to a number of different people. Each person was asked to add one adjective to each statement to reflect his or her own situation. Report some results of the survey by incorporating the cues into the original statements. Supply the appropriate position and form for each adjective.

> MODELE YOU HEAR: J'ai un camarade de chambre.
> YOU SEE: Edouard / amusant
> YOU SAY: Edouard a un camarade de chambre amusant.

1. J'ai un camarade de chambre.
   Etienne a un camarade de chambre actif.
2. J'ai un camarade de chambre.
   Albert a un grand camarade de chambre.
3. J'ai un camarade de chambre.
   Hubert a un jeune camarade de chambre.
4. J'ai un camarade de chambre.
   Charles a un camarade de chambre sympathique.

5. J'ai une amie.
   Marthe a une amie intellectuelle.
6. J'ai une amie.
   Yvonne a une amie créatrice.
7. J'ai une amie.
   Nous avons une amie italienne.
8. J'ai une amie.
   Jacques et Thomas ont une amie française.

CD2-8 G. A qui va la bourse? You are the student representative on a university committee for international study. Two students are being considered for a scholarship to spend the next academic year in Switzerland. To keep track of the discussion, note the strengths of each candidate on the following chart. Use a plus sign to indicate *more*, a minus sign to indicate *less*, and an equal sign to indicate *equality*.

—Eh bien, chers collègues, nous sommes réunis aujourd'hui pour discuter de la demande de bourse de Daniel et d'Anne. Et j'aimerais donc savoir ce que vous pensez de chacun de ces deux élèves. Alors euh... vous, que pensez-vous, madame?
—Eh bien, je crois que nous serons tous d'accord pour dire que ce sont tous les deux de très bons étudiants, ils sont aussi bons l'un que l'autre.
—Absolument, ils sont tous les deux finalistes, très bonnes notes, très qualifiés.
—Ils méritent tous les deux de passer cette année exceptionnelle en Suisse.
—Cependant notre budget est limité. Il nous va falloir choisir une personne.

—Oui, donc examinons un petit peu les qualités de chacun.
—Oui, ils ont quand même des qualités assez différentes, euh, ce sont de très bons étudiants tous les deux, c'est certain.
—Oui...
—Cependant, je dirais que Daniel est beaucoup plus dynamique qu'Anne. Vous n'êtes pas d'accord?
—Je suis d'accord et, aussi, je pense, plus idéaliste.
—Oui, c'est vrai, c'est vrai. Mais, cependant Anne est un peu plus organisée dans son travail. Bien que tous les deux soient aussi courageux. Ça je crois qu'on peut... on peut vraiment le remarquer.
—Oui.
—Et Daniel est moins sérieux qu'Anne aussi.
—Un petit peu moins sérieux mais ce sont tout de même de... Ils sont très sérieux tous les deux.
—Oui, il me semble quand même qu'Anne est un petit peu plus optimiste que Daniel, n'est-ce pas?
—Je suis d'accord, je suis tout à fait d'accord.
—Mais malgré tout, je voudrais vous dire une chose, c'est que, pour moi, il est quand même important de considérer lequel des deux est le plus créateur et, euh, je dirais que Daniel est plus créateur et qu'Anne est moins créatrice.
—Je suis d'accord, je suis d'accord.
—C'est vrai, un petit peu moins, oui, oui, oui, oui.
—Oui, mais d'autre part, Anne est moins impulsive que Daniel. Daniel est un peu... impulsif, qu'en pensez-vous?
—C'est exact. C'est exact.
—Hum hum.
—C'est vrai, mais je dirais qu'il est aussi individualiste qu'elle.
—Oui, ça ils sont tous les deux...
—Ils sont aussi individualistes l'un que l'autre.
—L'un que l'autre... Absolument, oui, c'est une bonne chose.
—Et pas très sportifs, hein!
—Non.
—Non.
—Pas tellement.
—C'est pas leur domaine, pas du tout.
—Non, non. Enfin, vraiment ce sont tous les deux d'excellents... d'excellents étudiants, ils sont vraiment aussi bons et c'est vraiment difficile de faire le choix.
—Ecoutez, ce qu'on peut faire, c'est peut-être une petite pause de cinq minutes et nous allons réfléchir donc, et après...
—Oui, on pourrait relire leur demande d'inscription, leur...
—Leur lettre de candidature.
—Leur lettre de candidature.
—Oui, oui, absolument.
—Et peut-être nous pouvons nous retrouver dans cinq minutes et voter sur le sujet.
—Oui, dans un quart d'heure.
—Excellente idée.
—Je pense, je pense.
—Très bien.

CD2-9 **H. Compétition.** Two friends are comparing the actors Tom Hanks and Harrison Ford. Each time one opinion is given, the other friend says the opposite. Play the role of the second friend, using the cue provided.

MODELE   YOU HEAR: Tom est plus riche que Harrison.
          YOU SEE: moins
          YOU SAY: Tom est moins riche que Harrison.

1. Tom est plus beau que Harrison.
   Tom est moins beau que Harrison.
2. Tom est plus amusant que Harrison.
   Tom est moins amusant que Harrison.
3. Tom est moins beau que Harrison.
   Tom est plus beau que Harrison.
4. Tom est un meilleur acteur que Harrison.
   Tom est un moins bon acteur que Harrison.
5. Tom est plus intelligent que Harrison.
   Tom est moins intelligent que Harrison.

I. Le Café Latin. As the waiter reads aloud the spcial menu offerings, write down the price of each menu item. Note that the prices are given in euros.

CAFE LATIN

Salades Composées

Tomate mozzarella au basilic	6,50 €
Salade de gésiers confits	7,50 €
Salade italienne (poivrons marinés, mozzarella au basilic et pesto)	8,50 €
Salade Latine (salade mélangée aux pommes fruit, noix et blue d'auvergne)	8 €
Salade Amphora (poêlé de blancs de poulet et champignons)	9 €
Salade Landaise (salades mélangées, filet de canard, gésiers confits et fois gras)	10,50 €

Plats

Poulet Rôti dans son jus	10,50 €
Poêle de Saumon à la crème de poivron	11,50 €
Faux filet au beurre maître d'hôtel	12 €
Filet de Canard au miel	11,50 €
Confit de Canard	13,50 €
Filet de Boeuf au beurre maître d'hôtel	15,50 €

Pratique

CD2-11 J. You are doing a summer internship in France in a small family-owned business. When you return from lunch you find a message on the answering machine. Write down the message for your employer. Be as detailed as possible.

Allô, bonjour, c'est un appel pour M. Sabatier. Je suis David Boissard. Il est... c'est mardi. Il est 13 h 45. Je vous appelle au sujet de l'annonce. Je suis très intéressé par cette annonce pour l'emploi à mi-temps. Actuellement je suis étudiant en première année à l'université et j'ai beaucoup de temps de libre. Alors, j'aimerais vous rencontrer si vous pouviez me rappeler avant 4 h, je serai chez moi et également je serai chez moi après 6 h. Je vous remercie et à bientôt. Mon numéro de téléphone est le 01-42-79-97-06.

CD2-12 K. Le mercredi de Bruno. Listen carefully to the following conversation between Christine and Bruno. Then indicate whether the statements are true or false by writing V (vrai) or F (faux) next to each statement. You may listen to the conversation as many times as necessary.

CHRISTINE: Tu as congé demain, mercredi? Qu'est-ce que tu vas faire?
BRUNO: Je vais retrouver mon copain Félix à dix heures au parc, et puis nous allons descendre en ville.
CHRISTINE: Est-ce qu'il y a beaucoup de choses à faire en ville?
BRUNO: Ah, oui. Félix a besoin d'un nouveau vélo, et nous allons regarder les derniers modèles dans les grands magasins.
CHRISTINE: Un vélo? C'est une grosse dépense. Il doit avoir beaucoup d'argent, ton copain.
BRUNO: Il reçoit une dizaine d'euros par mois de ses parents. Mais c'est son père qui achète le vélo.
CHRISTINE: Ah, bon. Qu'est-ce que vous allez faire ensuite?
BRUNO: Nous allons nous arrêter à la Maison des jeunes où il y a un cinéma et une patinoire. C'est vraiment chouette!
CHRISTINE: Tu ne t'ennuies jamais?
BRUNO: Jamais. Comme dit toujours notre père—je prends mes loisirs au sérieux.
CHRISTINE: Tu as raison. Et moi aussi, j'aime bien m'amuser. C'est une caractéristique dans notre famille.

L. Que faire? Listen carefully to the following conversation in which four friends try to decide what to do on Wednesday afternoon. Then answer the questions. Reading the questions first will help focus your listening.

—Salut les amis! Qu'est-ce que vous faites mercredi, vous? Moi j'ai... j'ai un match de foot, hein, je vais voir l'équipe de la Maison des jeunes, on a un match contre Saint-Etienne mercredi. Est-ce que vous pouvez venir me voir?

—Attends, mercredi, c'est demain, non?

—Oui, c'est ça, ouais.

—Oui, on n'a pas cours.

—Mais non, on n'a pas cours.

—Ben, moi, je ne peux pas: je vais à la piscine.

—Ah, c'est pas de chance!

—Jusqu'à quelle heure, Mireille?

—Oh, jusqu'à trois heures... Il faut absolument. Tu sais j'ai mal au dos, il faut absolument que je fasse de la natation. Donc je ne peux pas, c'est pas possible.

—Ça tombe mal, Laurent, parce que, moi, je me rappelle juste à l'instant, il y a un film de Godard que je veux absolument aller voir à la Maison des jeunes... de la culture. Et je crois que c'est à une heure et demie jusqu'à trois heures, donc, euh...

—Oui, j'ai vu ça sur le programme, à la Maison des jeunes, ils le jouaient... mais enfin, c'est pas ça.

—Je ne pense pas que ce soit possible.

—Et toi, Sophie?

—Ben, excuse-moi, mais le football c'est pas vraiment ma passion, moi. J'avais prévu d'aller faire un peu de lèche-vitrines au centre-ville. Puis de toute façon ma mobylette est en panne, alors, je ne peux pas... je ne pourrais pas aller jusqu'au terrain de football. Non, ça ne me dit vraiment pas grand-chose.

—Ben, je sais pas...

—Bon, ben alors, mais on pourrait peut-être se retrouver après le football? Donc, moi d'habitude je vais à la «Vache Noire» boire un verre avec les copains. On pourrait peut-être faire ça?

—Oui, pourquoi pas, oui. Oui, je veux bien.

—Oui, c'est une bonne idée.

—Ben, moi, j'ai un problème parce que, je vous ai dit, j'ai ma mobylette qui est à la réparation, puis la «Vache Noire» c'est loin...

—Eh mais je vous ai pas dit! Vous savez que je viens juste d'avoir mon permis de conduire?

—Félicitations!

—Bravo!

—Alors, écoutez! Ce qu'on peut faire: je vais tous vous prendre. Je passe te prendre, Sophie, je passe te prendre aussi, Jean-Michel, et on va tous à «la Vache Noire», à quatre heures.

—Très bien, donc, on se donne donc rendez-vous à quatre heures, demain, à «la Vache Noire», pour boire un verre. Bien, à demain.

—A demain!

—Et bonne chance pour ton match!

—Merci.

—Au revoir.

—Au revoir.

Chapitre 4 Les télécommunications

Perspectives

A. La télé américaine. Listen carefully to the following conversation between Catherine and Laurent. Then indicate whether the statements below are true or false by writing "V" vrai (true) or "F" faux (false) next to each statement. You may listen to the conversation as many times as necessary.

CATHERINE: Laurent, as-tu souvent regardé la télé pendant l'année que tu as passée aux Etats-Unis?

LAURENT: Quand je suis arrivé à Chicago, j'ai pris la décision de passer au moins une heure chaque jour devant la télé. Je suis allé tout de suite acheter une télé en couleurs, je me suis installé devant le poste et je suis resté là pendant cinq heures.

CATHERINE: Est-ce que la télévision américaine t'a plu? Tu as sûrement découvert des émissions assez différentes et même bizarres pour un Français.

LAURENT: Il y a beaucoup de choses qui m'ont intéressé, bien sûr. J'ai surtout apprécié la grande variété des émissions qui passent à la télé.

CATHERINE: Comment as-tu trouvé la qualité des émissions en général?

LAURENT: Eh bien, j'ai toujours pu trouver une émission à regarder, même si j'ai dû changer de chaîne plusieurs fois.

CATHERINE: Et est-ce que tu as appris quelque chose?

LAURENT: Ah oui! Pour un Français, la télé est un excellent moyen d'apprendre l'anglais, même si quelquefois c'est un drôle d'anglais.

Vocabulaire actif

CD2-15 **B. Interrogation de vocabulaire.** Complete each sentence with the appropriate word or expression from the list below. Be sure to use the correct form of each term.

    MODELE   YOU HEAR: On a regardé la télévision pendant quatre heures. Avant de se coucher, il faut...
                      YOU SAY: Avant de se coucher, il faut éteindre la télévision.

1. Quand une nouvelle télévision ne marche pas, il faut d'abord vérifier si elle est...
   Il faut d'abord vérifier si elle est branchée.
2. Il n'y a pas longtemps que la télévision en France est...
   Il n'y a pas longtemps que la télévision en France est privatisée.
3. Avant de regarder une émission à la télévision, il faut...
   Il faut allumer la télévision.
4. Une émission basée sur une histoire continue est...
   Une émission basée sur une histoire continue est un feuilleton.
5. Si on n'aime pas une émission, on...
   On change de chaîne.

CD2-16 **C. Sondage.** One of your classmates is conducting a poll on television viewing habits. Answer each question, using the cues provided.

    MODELE   YOU HEAR: As-tu regardé la télé hier soir?
                      YOU SEE: oui / pendant trois heures
                      YOU SAY: Oui, j'ai regardé la télé hier soir pendant trois heures.

1. A quelle heure est-ce que tu as allumé le poste?
   J'ai allumé le poste à six heures.
2. Pourquoi as-tu allumé le poste à six heures?
   J'ai allumé le poste à six heures pour regarder les actualités.
3. Combien de soirs est-ce que tu as regardé la télé la semaine dernière?
   J'ai regardé la télé trois ou quatre soirs la semaine dernière.
4. Combien d'heures est-ce que tu as passées devant le petit écran hier soir?
   J'ai passé à peu près quatre heures devant le petit écran hier soir.
5. Est-ce que tu aimes les documentaires?
   Non, je n'aime pas les documentaires.
6. Est-ce que tu as changé de chaîne?
   Oui, j'ai changé de chaîne plusieurs fois.
7. Est-ce que tu as vu des publicités amusantes?
   Non, je déteste les publicités.
8. Quel est ton feuilleton préféré?
   Mon feuilleton préféré est E.R.

CD2-17 **D. «La télévision a-t-elle changé nos vies?»** Laurent is watching a human interest story on telelvision focusing on television as an agent of change in our behaviors. The following passage will be read three times. During the first reading, listen to the text—do not write. During the second reading, fill in the blanks with the words that you hear. Finally, during the third reading, check your work and fill in any words you may have missed.

La télévision a-t-elle changé nos vies? Nous regardons les informations au lieu de lire le journal. Nous assistons à un spectacle sportif ou culturel en direct et refusons d'aller au stade ou au théâtre. Mais l'existence d'un grand nombre de chaînes et d'émissions étrangères a aussi rendu le monde infiniment plus petit. Oui, la vie s'est transformée radicalement; quelquefois pour le mieux, souvent pour le pire.

Structures

E. Quel cours suivre? A friend of yours is interested in the sociology course that you are taking this semester. Answer the questions, using the cues provided.

> **MODELE** YOU HEAR: Est-ce que tu as suivi un autre cours avec ce prof?
> YOU SEE: oui
> YOU SAY: Oui, j'ai suivi un autre cours avec ce prof.

1. Est-ce que tu écris beaucoup de devoirs?
   Oui, j'écris beaucoup de devoirs.
2. Est-ce que tous les étudiants font les lectures supplémentaires?
   Non, quelques étudiants font les lectures supplémentaires.
3. Est-ce que tu as lu tous les livres supplémentaires?
   Oui, j'ai lu tous les livres supplémentaires.
4. Est-ce que tu apprends quelque chose dans ce cours?
   Oui, j'apprends beaucoup dans ce cours.
5. Est-ce que le prof te permet de rendre les devoirs en retard?
   Non, le prof ne me permet jamais de rendre les devoirs en retard.
6. Est-ce que tu as vraiment compris les cours du prof?
   Oui, j'ai compris les cours du prof sans aucun problème.

F. Quelle coïncidence! A friend whom you haven't seen in a while is telling about his plans for the upcoming weekend. With each announcement you have an increasingly strong feeling of déjà vu. Tell your friend that you did the same things last weekend.

> **MODELE** YOU HEAR: Samedi prochain, je vais à une boum.
> YOU SAY: Samedi dernier, je suis allé(e) à une boum.

1. Je sors avec mes amis.
   Samedi dernier, je suis sorti(e) avec mes amis.
2. Je vais au cinéma.
   Samedi dernier, je suis allé(e) au cinéma.
3. J'ai l'intention d'acheter quelques cassettes de musique.
   Samedi dernier, j'ai acheté quelques cassettes de musique.
4. Je pense dîner au restaurant en ville.
   Samedi dernier, j'ai dîné au restaurant en ville.
5. Mes amis et moi, nous allons nous amuser.
   Samedi dernier, mes amis et moi, nous nous sommes amusés.
6. Nous rentrons très tard.
   Samedi dernier, nous sommes rentré(e)s très tard.
7. Dimanche, je reste à la maison.
   Dimanche dernier, je suis resté(e) à la maison.

G. Qu'est-ce qui est arrivé? By mistake, you received a failing grade in one of the classes you took during your summer of study in Montpellier. Your friend is asking you questions about it. Answer the questions, using the cues provided.

> **MODELE** YOU HEAR: As-tu parlé au prof?
> YOU SEE: non / pas
> YOU SAY: Non, je n'ai pas parlé au prof.

1. As-tu raté un examen dans ce cours?
   Non, je n'ai jamais raté d'examen dans ce cours.
2. As-tu gardé tes examens?
   Non, je n'ai pas gardé mes examens.
3. Es-tu allé(e) voir le chef du département ou le doyen?
   Non, je ne suis allé(e) voir ni le chef du département ni le doyen.
4. Est-ce que tout le monde a reçu de meilleures notes que toi?
   Non, personne n'a reçu de meilleures notes que moi.
5. Est-ce que quelque chose s'est passé entre le prof et toi?
   Non, rien ne s'est passé entre le prof et moi.
6. As-tu pris rendez-vous pour parler du problème?
   Non, je n'ai pas encore pris rendez-vous pour parler du problème.

CD2-21 **H. Problème résolu.** After talking with your instructor about your erroneous grade, you meet your friend, who asks you more questions about the mix-up. Answer the questions, using the cues provided.

> MODELE YOU HEAR: As-tu parlé au prof?
> YOU SEE: oui / déjà
> YOU SAY: Oui, j'ai déjà parlé au prof.

1. As-tu reçu une bonne note?
   Oui, j'ai vraiment reçu une bonne note.
2. As-tu répondu à toutes ses questions?
   Oui, j'ai répondu brillamment à toutes ses questions.
3. Est-ce que le prof a compris le problème?
   Oui, le prof a vite compris le problème.
4. Est-ce qu'il y avait un autre étudiant avec le même nom de famille?
   Oui, il y avait un autre étudiant avec le même nom de famille.
5. Est-ce que le prof a résolu le problème?
   Oui, il a complètement résolu le problème.

CD2-22 **I. Ah, oui? Donnez quelques précisions.** You spent last summer in France and made a lot of friends. One of them, Isabelle, calls to give you the latest news from France. Each time that Isabelle tells you something, ask a follow-up question, using **est-ce que** and the cues provided.

> MODELE YOU HEAR: Paul a passé ses vacances en Italie.
> YOU SEE: combien de temps
> YOU SAY: Combien de temps est-ce qu'il a passé en Italie?

1. Gisèle est allée en Espagne.
   Quand est-ce qu'elle est allée en Espagne?
2. Charles et Suzanne ont acheté une voiture.
   Quelle sorte de voiture est-ce qu'ils ont achetée?
3. Armand et moi, nous avons loué un nouvel appartement.
   Où est-ce que vous avez trouvé un nouvel appartement?
4. Quelle surprise! Maurice s'est marié la semaine dernière.
   Avec qui est-ce qu'il s'est marié?
5. Monique a quitté l'université.
   Pourquoi est-ce qu'elle a quitté l'université?
6. J'ai vendu tous mes livres du semestre dernier.
   A qui est-ce que tu as vendu tous tes livres du semestre dernier?

Pratique

CD2-23 **J.** You are doing a summer internship in France in a small family-owned business. When you return from lunch you find a message on the answering machine. Write down the message for your employer. Be as detailed as possible.

Allô M. Sabatier, ici Claire Laval. Nous sommes jeudi. Il est midi vingt-cinq. Je me permets de vous appeler car je suis journaliste à la télévision et je fais en ce moment une enquête sur les affaires familiales, leur degré de réussite et la façon dont elles, dont elles... entrent en compétition avec les plus grandes entreprises. Votre nom a été suggéré par différentes organisations de la région, et je me demandais donc s'il vous serait possible de m'accorder une interview d'environ une demi-heure...en soirée ou pendant la journée... la semaine prochaine serait préférable... sauf mercredi. Si vous pouviez me rappeler, mon numéro est le 04-42-61-33-70. Merci.

CD2-24 **K. Le poste est en panne.** Listen carefully to the following conversation between Marc and the landlady (**propriétaire**) of his apartment. Then indicate whether each statement is true (**vrai**) or false (**faux**) by writing V or F. You may listen to the conversation as many times as necessary.

PROPRIETAIRE: Bonjour, monsieur.
MARC: Bonjour, madame. Je vous ai téléphoné ce matin à propos de notre poste de télé qui est en panne.
PROPRIETAIRE: Oui, oui. Si j'ai bien compris, quand vous avez allumé le poste, vous n'avez pas pu régler la couleur, n'est-ce pas?
MARC: C'est exact, madame. Nous avons bien essayé, mais nous n'avons pas réussi.

PROPRIETAIRE: Ça alors! Et nous venons d'acheter ce récepteur. Je ne vois pas pourquoi il est déjà en panne. Vous avez dû faire quelque chose à ce poste, non?

MARC: Pas du tout, madame. Quand j'ai voulu regarder les actualités hier soir, j'ai remarqué immédiatement le problème. Je vous ai tout de suite appelée.

PROPRIETAIRE: Vous avez bien fait. Je vais téléphoner à l'atelier deréparations.

MARC: Je me suis aperçu qu'il y a un atelier dans la rue nationale.

PROPRIETAIRE: Oui, oui. C'est bien ça. Nous avons toujours envoyé nos récepteurs à l'atelier de M. Duval.

MARC: Eh bien, si vous êtes d'accord, je peux apporter le poste moi-même.

PROPRIETAIRE: Mais oui, si vous voulez.

MARC: Très bien. Je descends tout de suite, alors. Au revoir et merci, madame.

PROPRIETAIRE: Au revoir, monsieur.

CD2-25 **L. Une télévision pour toute la famille.** Listen carefully to the following conversation in which the Sabatier family discusses television-viewing habits and program preferences. Then answer the questions. Reading the questions first will help focus your listening.

—Alors les enfants, qu'est-ce que vous avez l'intention de voir, ce soir, à la télévision? J'ai feuilleté le *Télé 7 jours* là... Il y a des choses intéressantes. Moi, je verrais bien le documentaire sur les dinosaures.

—Oh non! Les dinosaures! Enfin non. Il y a le cinquième épisode de «Friends», ce soir. On va continuer à regarder ça.

—Ah non! Ah non! Pas « Friends »!

—Ecoute Marcel, non! Ta mère et moi, on ne veut absolument pas voir « Friends » ce soir.

—Ah! Mais c'est bien!

—Pas du tout, pas du tout! Moi, j'avais l'intention de voir ce programme politique sur les crises mondiales et il y en a plusieurs en ce moment. Non! Je pense qu'il faut rester au courant de l'actualité! Et toi, Virginie?

—Ah! Moi, j'en ai marre de regarder la télévision tous les soirs. Ecoutez... On regarde la télévision avant le dîner, on regarde la télévision pendant le dîner parce qu'il y a les jeux... euh, la *Roue de la Fortune*, etc... On regarde la télévision après le dîner. On n'a jamais un moment pour parler ensemble, savoir un peu ce qu'on a fait pendant la journée. Moi, je trouve que, vraiment, c'est pas sympa, hein!

—Ah! Mais écoute, le soir, moi, je suis fatiguée. Personnellement, c'est difficile. Je sais, c'est peut-être... c'est peut-être barbant mais, écoute... Ton père aussi: on est fatigués.

—En tout cas, moi, j'ai du tout envie de regarder l'émission sur les dinosaures, hein!

—Non, moi non plus! Ça sûrement pas!

—Bon ben alors, qu'est-ce que tu veux regarder?

—Ben... Moi je voudrais regarder rien du tout.

—Bon, ben, attendez, attendez! On va voir. On va contrôler ça. Je vais mettre la télévision. Baah!

—Ah, ben alors!

—Mais, qu'est-ce qui se passe?

—Ah, ben.

—Mais elle ne marche pas. Qu'est-ce qui se passe?

—Elle est cassée?

—Elle est en panne, encore!

—Ah ben, tant mieux!

—Oh, c'est pas possible. Encore une fois! Il y a un mois, c'est arrivé, déjà!

—Bon, ben. C'est très bien, ça résout tout le problème. Et puis Hubert, demain...?

—Il faut que je l'amène à la réparation...

—Absolument, et puis, ce soir, ben, on va discuter. Tu es contente, alors...

—Ah ben, je suis très contente! Alors, discutons...

Chapitre 5 *La presse et le message*

Perspectives

CD3-2 **A. Corinne à Paris.** Listen carefully to the following conversation between Corinne and Julien. Then indicate whether the statements below are true or false by writing "V" vrai (true) or "F" faux (false) next to each statement. You may listen to the conversation as many times as necessary.

JULIEN: Corinne, je ne savais pas que tu étais allée à Paris le mois dernier.

CORINNE: Eh, oui. Il y avait une exposition d'art moderne que je voulais voir. J'ai décidé de passer quelques jours là-bas avec des amis.

JULIEN: Qu'est-ce que tu as fait pour t'amuser?

CORINNE: Oh, il y avait beaucoup à faire, tu sais. Le matin, je me levais assez tôt et j'allais au jardin du Luxembourg où je lisais mon journal. Je passais l'après-midi dans les musées ou dans les magasins. Le soir, nous allions au cinéma ou au théâtre.

JULIEN: Il me semble que tu avais l'intention de voyager en Normandie. As-tu pu le faire?

CORINNE: J'avais déjà pris la décision de partir en Normandie quand ma voiture est tombée en panne à Paris. Elle est restée au garage pendant trois jours, et je n'ai pas pu faire mon petit voyage.

JULIEN: Heureusement. Tu as eu de la chance de ne pas tomber en panne sur la route.

CORINNE: C'est vrai. Et j'ai pu rester plus longtemps à Paris.

Vocabulaire actif

CD3-3 B. La presse à l'université. You will hear a series of questions about the student newspaper at your school. Answer the questions truthfully.

1. Est-ce que le journal de votre université est un quotidien?
   Oui, le journal de notre université est un quotidien.
   Non, le journal de notre université n'est pas un quotidien.
2. Est-ce qu'il y a des actualités nationales dans votre journal?
   Oui, il y a des actualités nationales dans notre journal.
   Non, il n'y pas d'actualités nationales dans notre journal.
3. Est-ce que le journal est politisé?
   Oui, le journal est politisé.
   Non, le journal n'est pas politisé.
4. Est-ce qu'il y a souvent des articles de fond dans le journal?
   Oui, il y a souvent des articles de fond dans le journal.
   Non, il n'y a pas souvent d'articles de fond dans le journal.
5. Est-ce que le journal est de gauche ou de droite?
   Le journal est de gauche.
   Le journal est de droite.
   Le journal n'est ni de gauche ni de droite.
6. Est-il nécessaire de lire le journal pour être au courant de ce qui se passe dans votre université?
   Oui, il est nécessaire de lire le journal pour être au courant de ce qui se passe dans notre université.
   Non, il n'est pas nécessaire de lire le journal pour être au courant de ce qui se passe dans notre université.

CD3-4 C. «Quel journal lisez-vous?» Christophe and Mireille have different tastes in daily newspapers. The following passage will be read three times. During the first reading, listen to the text—do not write. During the second reading, fill in the blanks with the words that you hear. Finally, during the third reading, check your work and fill in any words you may have missed.

Christophe n'a pas hésité avant de répondre quand on lui a posé une question sur son journal préféré. Quand il était étudiant, il lisait une variété de quotidiens. Mais depuis qu'il a terminé ses études, il continue à lire *Le Monde*. Mireille n'a pas hésité non plus quand on lui a demandé de donner son avis. Pour elle, par contre, c'est *Libération* qui présente une image plus complète de la France actuelle. Se sont-ils trompés dans les conseils qu'ils ont donnés à la personne qui leur avait posé la question?

Structures

CD3-5 D. La télé quand vous étiez enfant. A reporter from the magazine *L'Express* wants to interview you about your television-viewing habits when you were a child. Answer the questions.

MODELE   YOU HEAR: Regardiez-vous la télé avec vos copains?
         YOU SAY: Oui, je regardais la télé avec mes copains.
         OR   Non, je ne regardais pas la télé avec mes copains.

1. Regardiez-vous la télé tous les jours?
   Oui, je regardais la télé tous les jours.
   Non, je ne regardais pas la télé tous les jours.
2. Passiez-vous beaucoup d'heures devant la télé?
   Oui, je passais beaucoup d'heures devant la télé.
   Non, je ne passais pas beaucoup d'heures devant la télé.

3. Est-ce que vos parents s'inquiétaient parce que vous regardiez beaucoup la télé?
   Oui, ils s'inquiétaient parce que je regardais beaucoup la télé.
   Non, ils ne s'inquiétaient pas parce que je regardais beaucoup la télé.
4. Aimiez-vous les dessins animés?
   Oui, j'aimais les dessins animés.
   Non, je n'aimais pas les dessins animés.
5. Changiez-vous souvent de chaîne?
   Oui, je changeais souvent de chaîne.
   Non, je ne changeais pas souvent de chaîne.
6. Est-ce qu'on vous permettait de regarder la télé très tard le soir?
   Oui, on me permettait de regarder la télé très tard le soir.
   Non, on ne me permettait pas de regarder la télé très tard le soir.
7. Preniez-vous souvent votre dîner devant la télé?
   Oui, je prenais souvent mon dîner devant la télé.
   Non, je ne prenais pas souvent mon dîner devant la télé.
8. Regardiez-vous souvent les feuilletons?
   Oui, je regardais souvent les feuilletons.
   Non, je ne regardais pas souvent les feuilletons.
9. Est-ce qu'il y avait trop de violence à la télé quand vous étiez jeune?
   Oui, il y avait trop de violence à la télé quand j'étais jeune.
   Non, il n'y avait pas trop de violence à la télé quand j'étais jeune.

CD3-6 E. Le semestre dernier. You are with a friend from another university. Answer your friend's questions about your experiences last semester.

MODELE   YOU HEAR: Parlais-tu souvent avec tes copains?
         YOU SAY: Oui, je parlais souvent avec mes copains.
         OR   Non, je ne parlais pas souvent avec mes copains.

1. Etais-tu en classe tous les jours?
   Oui, j'étais en classe tous les jours.
   Non, je n'étais pas en classe tous les jours.
2. Sortais-tu souvent?
   Oui, je sortais souvent.
   Non, je ne sortais pas souvent.
3. Est-ce que tes copains voulaient toujours s'amuser?
   Oui, mes copains voulaient toujours s'amuser.
   Non, mes copains ne voulaient pas toujours s'amuser.
4. Avais-tu beaucoup de travail?
   Oui, j'avais beaucoup de travail.
   Non, je n'avais pas beaucoup de travail.
5. Est-ce que tes profs donnaient beaucoup d'interrogations?
   Oui, mes profs donnaient beaucoup d'interrogations.
   Non, mes profs ne donnaient pas beaucoup d'interrogations.
6. Savais-tu toutes les réponses en classe?
   Oui, je savais toutes les réponses en classe.
   Non, je ne savais pas toutes les réponses en classe.
7. Regardais-tu souvent la télé?
   Oui, je regardais souvent la télé.
   Non, je ne regardais pas souvent la télé.
8. Est-ce que tu étais content(e) de tes notes?
   Oui, j'étais content(e) de mes notes.
   Non, je n'étais pas content(e) de mes notes.

CD3-7 F. La vie d'étudiant. A reporter from a French newspaper is doing research on the daily lives of American students. Answer the reporter's questions about your activities last night. You will hear questions using the **imparfait** or the **passé composé.** Your response should be in the same tense as the question.

MODELE   YOU HEAR: Aviez-vous des devoirs hier?
         YOU SAY: Oui, j'avais des devoirs hier.
         OR: Non, je n'avais pas de devoirs hier.

1. Avez-vous fini vos devoirs?
   Oui, j'ai fini mes devoirs.
   Non, je n'ai pas fini mes devoirs.
2. Etes-vous rentré(e) chez vous avant le dîner hier?
   Oui, je suis rentré(e) chez moi avant le dîner hier.
   Non, je ne suis pas rentré(e) chez moi avant le dîner hier.
3. Avez-vous aimé votre dîner?
   Oui, j'ai aimé mon dîner.
   Non, je n'ai pas aimé mon dîner.
4. Vouliez-vous sortir avec vos amis?
   Oui, je voulais sortir avec mes amis.
   Non, je ne voulais pas sortir avec mes amis.

5. Etes-vous sorti(e) avec vos amis?
   Oui, je suis sorti(e) avec mes amis.
   Non, je ne suis pas sorti(e) avec mes amis.
6. Etiez-vous fatigué(e) à onze heures?
   Oui, j'étais fatigué(e) à onze heures.
   Non, je n'étais pas fatigué(e) à onze heures.
7. Est-ce que vous vous êtes couché(e) avant ou après minuit?
   Je me suis couché(e) avant minuit.
   Je me suis couché(e) après minuit.

CD3-8 G. On a tout prévu. In a phone conversation with your parents, you describe how organized and well-prepared your new roommate is. Each time you were planning to do something, you found out that he or she had already done it. Complete the statements that you hear stating that Michel (Michèle) has already done each thing.

MODELE   YOU HEAR: J'allais acheter un tapis pour la chambre, mais...
          YOU SAY: Michel (Michèle) avait déjà acheté un tapis pour la chambre.

1. J'allais acheter un frigo pour notre chambre, mais...
   Michel (Michèle) avait déjà acheté un frigo pour notre chambre.
2. J'ai trouvé des affiches pour les murs de notre chambre, mais, . .
   Michel (Michèle) avait déjà trouvé des affiches pour les murs de notre chambre.
3. J'allais faire réparer notre télévision, mais...
   Michel (Michèle) avait déjà fait réparer notre télévision.
4. J'allais organiser une soirée pour samedi soir, mais...
   Michel (Michèle) avait déjà organisé une soirée pour samedi soir.
5. J'ai téléphoné à Daniel pour l'inviter à la soirée, mais...
   Michel (Michèle) avait déjà téléphoné à Daniel pour l'inviter à la soirée.
6. Je lui ai demandé de venir avec moi voir le nouveau film, mais...
   Michel (Michèle) avait déjà vu le film.

CD3-9 H. Des dates importantes. You will hear a series of important dates. Write the year that you hear. After you have written all the years, write a brief note indicating why you think each date is significant.

a. 1492   c. 1865   e. 1969
b. 1963   d. 1776   f. 2001

Pratique

CD3-10 I. You are doing a summer internship in France in a small family-owned business. When you return from lunch you find a message on the answering machine. Write down the message for your employer. Be as detailed as possible.

Allô, M. Sabatier? Je m'appelle Philippe Laurent. Vous ne me connaissez pas mais je suis un gros client. Et je suis passé dans votre magasin hier après-midi entre 16 h et 16 h 30 et en fait, ce matin je me suis rendu compte en me réveillant là que j'avais perdu mon portefeuille. Donc, j'essaie de... j'ai appelé un peu tous les, tous les magasins où je suis allé hier pour essayer de, de retrouver mon portefeuille. Et, en fait, si c'était possible, est-ce que vous pourriez me dire si quelqu'un aurait par hasard retrouvé un portefeuille dans le magasin? Ça m'arrangerait beaucoup. Donc, je m'appelle Philippe Laurent. Mon numéro de téléphone c'est, euh, 02-43-38-19-62 et j'appelle aujourd'hui, mercredi à 13 h 30. Vous pouvez me rappeler chez moi à n'importe quelle heure... ça n'a pas d'importance, et si je ne suis pas chez moi vous pouvez laisser un message sur le répondeur. Alors, je vous remercie beaucoup. Au revoir, monsieur.

CD3-11 J. L'homme qui aimait les femmes. Listen carefully to the following conversation between Béatrice and Jerry. Then indicate whether each statement is true (vrai) or false (faux) by writing V or F. You may listen to the conversation as many times as necessary.

BEATRICE: As-tu vu le film de Truffaut à la télé dimanche soir?

JERRY: Non, je l'ai raté. Je n'ai pas consulté le *Télé 7 jours* et quand j'ai allumé le poste, la présentatrice avait déjà annoncé les émissions de la soirée.

BEATRICE: Tu n'as pas eu de chance. Ils ont passé un film qui s'appelle *L'Homme qui aimait les femmes*. Je ne le connaissais pas avant hier soir. Quand je l'ai vu, j'ai pensé à toi.

JERRY: Pourquoi?

BEATRICE: Parce que je sais que tu apprécies beaucoup Truffaut, bien sûr.

JERRY: Ah bon! Tu ne voulais pas dire que j'avais la même réputation que le héros du film?

BEATRICE: Voilà une drôle d'idée! Je n'ai jamais trouvé que ta vie était digne d'être le sujet d'un film.

JERRY: C'est dommage. Je voyais déjà Tom Cruise dans le rôle du héros. Si seulement ma vie devenait une légende!

CD3-12 **K. Ma lecture préférée.** Listen carefully to the following conversation in which three friends discuss their reading interests. Then, answer the questions. Reading the questions first will help focus your listening.

—Dites donc, je viens de lire un article de fond dans *Le Monde* là. C'est vraiment très, très bon. Ça résume très bien la situation mondiale et les points de vue de chaque pays... Est-ce que tu lis *Le Monde*, toi, Jean-Michel?

—Ben écoute, non. Je trouve que c'est un petit peu rébarbatif, un petit peu conservateur, dans la présentation, je veux dire. Non, personnellement, je préfère lire des magazines, surtout un magazine d'actualités comme *Le Point* toutes les semaines. Il y a de très, très bons articles en général.

—Ah oui, mais *Le Point* c'est à droite comme journal, ça...

—Oui, c'est à droite. Non, c'est au centre. Enfin.., c'est pas tellement à droite, non. Et toi Mireille?

—Ben moi, je lis... je lis quelquefois *Libération* qui est un journal un peu plus jeune, un peu plus dynamique, je trouve. Mais enfin, je dois dire que je ne lis pas très, très souvent le journal, je préfère la littérature. Aussi, j'ai besoin de lire beaucoup pour mes cours, je lis beaucoup de romans, beaucoup de pièces de théâtre. Puis quand j'ai le temps, je lis des choses un petit peu plus légères.

—Comme le week-end dernier, Mireille, je crois t'avoir vu absorbée dans la lecture d'un livre, d'un livre policier, c'était ça?

—Ah oui! Je lisais un roman policier. C'est... c'est le premier roman policier que je lisais de ma vie, je crois... C'était pour me détendre, j'étais un petit peu angoissée avec le travail et tout. Mais c'est drôlement bien! C'est une nouvelle série, une nouvelle collection de romans policiers qui vient d'être publiée, qui se passe dans différents endroits très, très connus de Paris et de la France. Moi, je lisais: *Meurtre au Louvre* ça s'appelle. Et il y a toute une série: *Meurtre à la Bourse*, *Meurtre à Libération*, justement, et c'est très bien parce qu'on apprend plein de choses sur euh... par exemple le fonctionnement du Louvre, ce qui se passe la nuit, comment les rondes de gardiens s'organisent et ça met en scène des personnages réels et, en plus, il y a une intrigue, il y a un meurtre au Louvre, et cetera... Enfin, c'est très, très bien fait. On vous donne les dates des peintres, on les situe un petit peu, on parle des sarcophages, enfin tout ce qu'on trouvait au Louvre. J'ai trouvé ça très amusant, très distrayant.

—Mais l'histoire, c'était quoi, en gros?

—Donc ça se passait au Louvre. Un matin, on a trouvé un cadavre dans une des salles et le directeur du musée avait peur d'un scandale, mais il avait d'autres soucis en plus: il était très inquiet au sujet de son tableau favori qui devait être envoyé au Metropolitan Museum à New York. Un des conservateurs du musée a mené son enquête, pendant plusieurs nuits; il se passait vraiment des choses bizarres dans le musée. Enfin, je ne veux pas tout vous raconter, ça gâcherait le suspens. Finalement, il a découvert la clé du mystère, et c'était justement le fameux tableau, qui servait à exporter de la drogue.

—Eh, ça a l'air pas mal, ton histoire.

—Ah, oui, oui, oui. Vraiment je vous le recommande, c'est une bonne détente.

Chapitre 6 *Le mot et l'image*

Perspectives

CD3-13 **A. Les amateurs de cinéma.** Listen carefully to the following conversation between Christine and Philippe. Then indicate whether the statements below are true or false by writing "V" vrai (true) or "F" faux (false) next to each statement. You may listen to the conversation as many times as necessary.

CHRISTINE: Tu aimes le cinéma, Philippe?

PHILIPPE: Moi, je suis un grand amateur de films. J'adore particulièrement le cinéma italien. Et toi?

CHRISTINE: Je ne suis pas vraiment cinéphile.

PHILIPPE: Mais quel genre de film préfères-tu? Qu'est-ce qui t'amuse au cinéma? Vas-tu voir un film parce qu'il y a une vedette qui séduit le public?

CHRISTINE: Jamais. Je déteste les superproductions. J'attends les films d'un bon metteur en scène comme Claude Lelouch ou Alain Resnais.
PHILIPPE: Est-ce que tu retournes souvent voir le même film?
CHRISTINE: Oui, si c'est un film classique. Pourquoi poses-tu la question?
PHILIPPE: Parce qu'il y a en ce moment au ciné-club de l'université des films de François Truffaut.
CHRISTINE: De quels films s'agit-il?
PHILIPPE: De tous ses films. C'est un festival Truffaut!

Vocabulaire actif

CD3-14 **B. Interrogation de vocabulaire.** Complete each sentence with the appropriate word or expression from the list below. Be sure to use the correct form of each term.

MODELE   YOU HEAR: Une personne qui joue un rôle dans un film est...
YOU SAY: C'est un acteur.
OR   C'est une actrice.

1. On peut voir le film à 16 h, à 19 h et à 21 h. C'est-à-dire qu'il y a trois...
Il y a trois séances.
2. Un film comme *The Lion King* a des personnages imaginaires. C'est un...
C'est un dessin animé.
3. Il y a quelquefois des traductions au bas de l'écran pendant un film étranger. Ce sont des...
Ce sont des sous-titres.
4. Un acteur ou une actrice très célèbre est...
C'est une vedette.
5. S'il n'y a pas de sous-titres et que le film n'est pas doublé, le film est en...
Il est en version originale.
6. J'aime voir la publicité pour les films. Sur le mur de mon appartement, il y a même...
Il y a même une affiche.

CD3-15 **C. Un sondage sur le cinéma.** You are participating in an opinion poll on movie experiences and preferences. Answer the following questions truthfully.

MODELE   YOU HEAR: Est-ce que vous aimez les films d'épouvante?
YOU SAY: Oui, j'aime les films d'épouvante.
OR   Non, je n'aime pas les films d'épouvante.

1. Etes-vous abonné(e) à une revue de cinéma?
Oui, je suis abonné(e) à une revue de cinéma.
Non, je ne suis pas abonné(e) à une revue de cinéma.
2. Avez-vous déjà vu un film étranger en version originale?
Oui, j'ai déjà vu un film étranger en version originale.
Non, je n'ai jamais vu de film étranger en version originale.
3. Préférez-vous les films policiers ou les westerns?
Je préfère les films policiers.
Je préfère les westerns.
4. Faites-vous partie d'un ciné-club?
Oui, je fais partie d'un ciné-club.
Non, je ne fais pas partie d'un ciné-club.
5. Avez-vous déjà travaillé comme ouvreuse?
Oui, j'ai déjà travaillé comme ouvreuse.
Non, je n'ai jamais travaillé comme ouvreuse.
6. Voulez-vous devenir actrice un jour?
Oui, je veux devenir acteur un jour.
Non, je ne veux jamais devenir actrice.
7. Préférez-vous le cinéma ou le théâtre?
Je préfère le cinema.
Je préfère le théâtre.

CD3-16 **D. Etes-vous un expert en cinéma?** How many of the following questions about the movie world are you able to answer?

> **MODELE** YOU HEAR: Quel acteur a joué le rôle principal dans le film américain *Autant en emporte le vent*? C'est un homme.
>
> YOU SAY: Clark Gable a joué le rôle principal dans le film *Autant en emporte le vent*.

1. Comment s'appellent les deux acteurs principaux dans le film *Dirty Dancing*?
   Ils s'appellent Jennifer Grey et Patrick Swayze.
2. Qui est Isabelle Adjani?
   C'est une actrice française.
3. Quel est le plus grand festival du cinéma?
   Le festival de Cannes est le plus grand festival du cinéma.
4. Dans ce film de Rob Reiner, il s'agit d'un roi méchant qui veut se marier avec une jeune femme qui est tombée amoureuse d'un autre homme.
   Il s'appelle *The Princess Bride*.
5. Qu'est-ce que c'est qu'un metteur en scène?
   C'est une personne qui tourne des films.
6. Quels sont les personnages dans le film *Lady and the Tramp*?
   Ce sont deux chiens.
7. Dans quel pays est-ce qu'on a tourné le film *La Cage aux folles*?
   On a tourné le film *La Cage aux folles* en France.

CD3-17 **E. Le cinéma français.** Can French cinema compete with television and videocassettes? The following passage will be read three times. During the first reading, listen to the text—do not write. During the second reading, fill in the blanks with the words that you hear. Finally, during the third reading, check your work and fill in any words you may have missed.

Combien de fois a-t-on décidé de regarder une vidéocassette plutôt que d'aller au cinéma? Le magnétoscope va-t-il remplacer le grand écran? Quelle partie de la population fréquente encore les salles de cinéma? On dit que ce sont les adolescents qui vont au ciné deux fois plus souvent que les adultes. Quels sont les films qui marchent le mieux en France? Les comédies et les grands spectacles semblent attirer la majorité des spectateurs. Mais le public est-il assez nombreux pour permettre au cinéma français de survivre?

Structures

CD3-18 **F. Je ne t'ai pas entendu(e).** You and a French friend are talking on the phone, but the connection is bad. Using the cues provided, ask questions to clarify what your friend has said. Use inversion to formulate your questions.

> **MODELE** YOU HEAR: Nous allons sortir parce que...
>
> YOU SEE: pourquoi
>
> YOU SAY: Pourquoi allez-vous sortir?

1. Nous allons au cinéma...
   Quand allez-vous au cinéma?
2. Nous allons aimer le film parce que...
   Pourquoi allez-vous aimer le film?
3. Le film commence...
   A quelle heure le film commence-t-il?
4. Nous descendons en ville en...
   Comment descendez-vous en ville?
5. Nous allons garer la voiture sur le parking à...
   Où allez-vous garer la voiture?
6. Nous allons être...
   Combien allez-vous être?
7. Nous allons dîner chez...
   Où allez-vous dîner?
8. Nous allons rentrer vers...
   A quelle heure allez-vous rentrer?

CD3-19 **G. A quelle heure ouvre...?** As you phone to check the opening and closing times of various places you plan to visit, write down the times and restate them in conversational time.

> **MODELE** YOU HEAR: Le musée d'art moderne ouvre à 14 h.
>
> YOU WRITE 14 h = 2 h de l'après-midi

1. La bibliothèque universitaire ouvre à 8 h 30.
2. Le Bec fin (votre restaurant favori) ouvre à 19 h.
3. La messe à l'église gothique commence à 11 h 15.
4. La séance du film que vous voulez voir est à 21 h.
5. Le café où vous prenez le petit déjeuner ouvre à 6 h 30.
6. Le feu d'artifice au château commence à 22 h.
7. Le concert en plein air commence à 15 h 45.

H. Rêvez-vous d'être journaliste? A famous French actress, Catherine Deneuve, is visiting your campus and you are interviewing her for your school newspaper. Using the cues provided, ask a question about each statement.

> MODELE   YOU HEAR: Je travaille avec des acteurs très célèbres.
> YOU SEE: avec qui
> YOU SAY: Avec qui est-ce que vous travaillez?

1. Je pense souvent à mes expériences de jeunesse.
   Auxquelles est-ce que vous pensez?
2. J'ai souvent peur quand je joue un rôle dans un film.
   De quoi avez-vous peur?
3. Une fois, quand j'étais enfant, j'ai vu une actrice magnifique.
   Qui est-ce que vous avez vu?
4. Dans ce film, je joue le rôle d'une femme très ambitieuse.
   De qui s'agit-il dans ce film?
5. En ce moment, j'attends le metteur en scène.
   Qui est-ce que vous attendez en ce moment?
6. J'ai fait 25 films pendant ma carrière.
   Lequel est-ce que vous préférez?
7. Après ce film, je vais changer de carrière.
   Qu'est-ce que vous allez faire?

Pratique

CD3-21 **I.** You are doing a summer internship in France in a small family-owned business. When you return from lunch you find a message on the answering machine. Write down the message for your employer. Be as detailed as possible.

Allô, oui, c'est Thérèse... Thérèse Duchêne, je travaille avec toi. Bonjour, je t'appelle, c'est jeudi, il est 12 h 55. J'ai une petite question: normalement je travaille vendredi de 16 h à 20 h et toi je crois samedi aussi à la même heure de 16 h à 20 h. Et je voulais te demander si on pouvait échanger nos jours de travail parce que j'ai des amis qui m'ont invitée au cinéma avec eux à 21 h 30 vendredi et avant j'aimerais bien les rejoindre pour déjeuner. Et... mais si ce n'est pas possible, évidemment je travaille. Alors, est-ce que tu pourrais me rappeler au 01-48-87-82-34 pour me dire si ça ne te dérange pas de changer de jour et de travailler vendredi au lieu de samedi? Je te remercie d'avance et à bientôt. Au revoir.

CD3-22 **J. Un vieux film d'Elvis Presley.** Listen carefully to the following conversation between Marc and Béatrice. Then circle the letter of the choice that best answers each question. You may listen to the passage as many times as necessary.

> MARC: Béatrice, est-ce que tu vas nous accompagner, Christine et moi, au cinéma ce soir?
> BEATRICE: Voir quel film?
> MARC: Nous allons voir un vieux film d'Elvis Presley. Tu viens avec nous?
> BEATRICE: D'accord. A quelle heure est-ce qu'il faut partir?
> MARC: Vers huit heures, puisque le cinéma est en ville et que nous ne voulons pas arriver en retard.
> BEATRICE: A quel cinéma allons-nous?
> MARC: Au Royal. Tu sais où il se trouve?
> BEATRICE: Oui, oui. Le film est-il doublé ou y a-t-il des sous-titres?
> MARC: Je pense qu'il est en version originale. Veux-tu que je téléphone au guichet pour vérifier?
> BEATRICE: Non, non. Si c'est un film d'Elvis, il y a beaucoup de musique, et on sait ce qui se passe même si ce n'est pas en français.
> MARC: Bon. Nous passerons chez toi à huit heures alors.
> BEATRICE: C'est parfait. A huit heures. Au revoir.

CD3-23 **K. Allons au cinéma!** Listen carefully to the following conversation in which three friends discuss various movies that will be in town over the weekend. Then answer the questions. Reading the questions first will help focus your listening.

—Dites-donc, Marguerite et Armand, si on allait au cinéma, samedi soir?
—Ah oui. Bonne idée! Très bonne idée.
—Oui, oui, moi, je suis bien d'accord aussi.

—J'ai apporté *Pariscope* justement, on va regarder un petit peu les programmes des cinémas. Vous avez des... des idées spéciales?

—Ben, voyons ce qu'il y a là! Qu'est-ce qu'il y a? Euh... Oh, tiens, y'a *Cyrano* qui est en train de jouer. Ecoute, j'aimerais bien voir ça parce que je viens juste de finir le livre et j'aimerais bien voir l'interprétation de... hum... qui est-ce qui joue là dedans déjà, dans *Cyrano*?

—Depardieu!

—C'est Depardieu, exactement, c'est un acteur fantastique, hein! Depardieu.

—Oui, je l'aime bien aussi... Je l'aime bien.

—Donc, c'est ça. Moi, je proposerais ça, mais toi, qu'est-ce que tu en penses?

—Hé, attends! Ça passe à quelle heure, alors?

—Euh, ça passe à...

—A vingt-deux heures quinze.

—Vingt-deux heures quinze. Oui, oui, c'est une possibilité.

—Moi, ce qu'on m'a dit c'est que c'était vraiment très, très triste, hein!

—Ah, ouais...

—Enfin, bon!

—Ecoutez, moi j'ai une autre idée, moi, j'aimerais bien voir *Vincent et Théo*.

—Ah, oui. C'est sur euh...

—Moi, je m'intéresse bien à la peinture et euh... J'aime bien Van Gogh! Donc, tu sais, c'est un film sur Van Gogh avec euh... sa relation avec son frère. Ça m'intéresserait bien de le voir. Ça ne vous dit rien?

—C'est peut-être intéressant aussi. Qu'est-ce que tu en penses, toi?

—Oh, j'ai l'impression que c'est un peu ennuyeux. Je ne sais pas, moi, j'aurais bien aimé voir quelque chose d'un petit peu plus, un peu plus distrayant.

—Ben, qu'est-ce que tu veux?

—Par exemple?

—Vous savez qu'il y a un festival, on m'a dit qu'il y avait un festival de, ... un festival Greta Garbo au cinéma «La Pagode».

—Ah!

—Ah... C'est pas mal ça.

—Et...

—Quels films ils ont?

—Ben, je sais que samedi soir, ils passent *Ninotchka*, vous l'avez déjà vu?

—Ah non!

—Ah, j'aimerais bien le voir.

—C'est drôle.

—Est-ce que...

—Ah, c'est très, très drôle!

—C'est en version originale, non?

—Oui! C'est en version originale, mais avec les sous-titres, bien sûr.

—Avec les sous-titres, quand même.

—Ouais. Ouais, ouais!

—Le problème, c'est que ça passe un petit peu tard. Ça passe...

—A quelle heure ça passe?

—Ben regardez... C'est vingt-trois heures, mais ça passe qu'une seule fois.

—O.K.

—Ah, oui...

—Ben non, ça m'intéresse quand même, hein!

—Ouais.

—Ecoute, moi aussi, ça m'intéresse. Ça ne me dérange pas que ce soit à vingt-trois heures, après tout.

—Non.

—Ah, ben. Vous êtes sympa, hein! C'est bien, moi je suis contente de le voir. Alors on se donne rendez-vous où?

—Euh...

—Attends, c'est quel cinéma? J'ai pas...

—«La Pagode», tu as dis, non?

—C'est au cinéma «La Pagode».

—Oui.

—Ah, ben, tu sais, sur la droite, il y a une grande affiche.

—En face du guichet?

—En face du guichet.

—Oui.

—On peut... on peut se donner rendez-vous à côté de la grande affiche.

—Oui... A quelle heure on se retrouve alors?

—Ben, cinq minutes avant le début.

—Cinq minutes avant le...

—Non! Peut-être un peu plus parce que, dis donc, il y a du monde, hein!

—Oui, et puis alors il faut être à l'heure parce que je ne veux pas rater les publicités au début.

—Ah, oui, c'est vrai, elles sont toujours super les publicités au cinéma. Oui, oui, d'accord.

—Ben, moi, c'est le court métrage que je ne veux pas rater, mais je crois que c'est avant, non? Ou c'est après la publicité?

—Oui, je crois que c'est après la publicité.

—O.K. Donc, euh...

—Bon alors... Onze heures moins le quart?

—Très bien.

—Onze heures moins le quart, très bien.

—D'accord.

—Ben alors, à samedi soir!

—A samedi.

—O.K.

—Allez, au revoir.

Chapitre 7 *Les transports et la technologie*

Perspectives

CD4-2 A. Le voyage extraordinaire de Marie-France. Listen carefully to the following conversation between Eric and Marie-France. Then indicate whether each statement is true (**vrai**) or false (**faux**) by writing **V** or **F**. You may listen to the passage as many times as necessary.

ERIC:	La voilà! Comment vas-tu? Je ne savais pas que tu étais déjà revenue des Etats-Unis.
MARIE-FRANCE:	Mais oui. Je suis allée passer un mois à New York avec des amis.
ERIC:	As-tu fait un bon voyage?
MARIE-FRANCE:	Ne m'en parle pas. Imagine-toi que toutes les catastrophes possibles me sont arrivées. Moi qui avais pris un billet aller et retour sur Air France, un vol en direct, pour ne pas courir de risques!
ERIC:	Mais raconte-moi ce qui s'est passé!
MARIE-FRANCE:	D'abord, quand j'ai atterri à New York, je n'ai pas trouvé ma valise. On l'avait envoyée à Los Angeles!
ERIC:	Comment t'es-tu débrouillée?
MARIE-FRANCE:	Eh bien, j'ai porté un jean et le T-shirt d'une copine américaine pendant deux jours avant de pouvoir récupérer mes bagages.
ERIC:	Et le voyage de retour? Parle-m'en un peu.
MARIE-FRANCE:	La première voix que j'ai entendue était celle d'une femme qui annonçait au haut-parleur: «Attention. Attention. Le vol Air France, numéro 56 à destination de Paris, est annulé.»
ERIC:	Est-ce que ton avion a enfin décollé?
MARIE-FRANCE:	Celui-là? Non. Mais, celui dans lequel nous sommes finalement montés était bien plus agréable, et il n'y a pas eu d'autres problèmes.
ERIC:	Heureusement pour toi!

Vocabulaire actif

CD4-3 B. Comment voyagent-ils? Listen carefully to the following statements about people and their travels. Each statement suggests one or more means of transportation. Place a check mark under all headings that correspond to the modes of transportation implied in each statement.

MODELE   YOU HEAR: Rita achète souvent des carnets
          YOU MARK: bus, métro

1. Claudine a acheté un billet aller-retour.
2. Mes parents ont composté leurs billets.
3. Guy et Lucienne ont enregistré leurs valises.
4. Henri est allé à la gare.
5. Nous sommes presque arrivées. Je vois la piste.

6. Pour signaler, il faut appuyer sur le bouton.
7. Je préfère louer une couchette.
8. Etienne a pris un rapide pour me rendre visite.
9. Je cherche un plan pour vérifier notre destination.
10. Heureusement le vol est arrivé à l'heure.

CD4-4 C. Savez-vous prendre l'autobus? Written below, in random order, are the steps involved in taking a trip on a French bus. Before listening to the CD, number the statements to indicate the sequence a traveler would follow. To check your answers, listen to the CD.

1. Vous cherchez le guichet ou le distributeur automatique.
2. Vous achetez un billet ou un carnet.
3. Il faut monter à l'avant.
4. N'oubliez pas de composter votre billet.
5. Vous devez appuyer sur le bouton pour indiquer votre arrêt.
6. Il faut sortir par le milieu.

CD4-5 D. Paris, le métro et moi. Christophe describes his trip on the subway. The following passage will be read three times. During the first reading, listen to the text—do not write. During the second reading, fill in the blanks with the words that you hear. Finally, during the third reading, check your work and fill in any words you may have missed.

Je suis à Paris depuis quelques heures. Pour me divertir, je décide de prendre le métro. De tous les moyens de transport, c'est le plus rapide et celui qui coûte le moins cher. Je descends donc dans la station qui se trouve à cinq minutes de mon hôtel et j'y achète un billet de tourisme. En moins de deux minutes, un train arrive sur la voie devant moi. Je sais que c'est le mien, car j'ai déjà bien consulté mon plan pour connaître le nom de la ligne qu'il fallait prendre. Je monte en voiture avec les autres passagers, et voilà mon aventure qui commence.

Structures

CD4-6 E. Prendre le métro—la première fois. It is your first trip on the **métro** in Paris, and a French friend is verifying that you know what to do. Answer the questions affirmatively, replacing the direct objects with the appropriate direct object pronouns.

MODELE   YOU HEAR: Vois-tu la bouche de métro?
          YOU SAY: Oui, je la vois.

1. Est-ce que tu trouves le guichet?
   Oui, je le trouve.
2. As-tu déjà acheté les billets qu'il te faut?
   Oui, je les ai déjà achetés.
3. Tu prends la première rame?
   Oui, je la prends.

4. Tu sais reconnaître la station où tu descends?
   Oui, je sais la reconnaître.
5. As-tu ton plan du métro?
   Oui, je l'ai.

CD4-7 F. De retour de vacances. You have recently returned to Montpellier from a trip to Algeria. A friend is asking you questions about your flight and trip. Answer the questions affirmatively, replacing the indirect objects with the appropriate indirect object pronouns.

MODELE   YOU HEAR: As-tu parlé à l'hôtesse?
          YOU SAY: Oui, je lui ai parlé.

1. As-tu parlé aux autres voyageurs?
   Oui, je leur ai parlé.
2. As-tu écrit une carte postale à ton prof?
   Oui, je lui ai écrit une carte postale.
3. Est-ce que les enfants dans l'avion ont obéi à leurs parents?
   Oui, ils leur ont obéi.

4. Est-ce que tu as envoyé un cadeau à tes parents?
   Oui, je leur ai envoyé un cadeau.
5. Est-ce que tu as donné des fleurs à ton amie algérienne?
   Oui, je lui ai donné des fleurs.

CD4-8 G. Le voyage aux Etats-Unis commence. You are taking the train from Montpellier to Paris, where you will spend a week before returning to the United States. A French friend is seeing you off. Answer your friend's questions affirmatively, using **y** or **en** as appropriate.

MODELE   YOU HEAR: Vas-tu arriver à la gare de Lyon?
          YOU SAY: Oui, je vais y arriver.

1. As-tu deux valises?
   Oui, j'en ai deux.
2. Tu arrives à Paris à onze heures?
   Oui, j'y arrive à onze heures.
3. As-tu une place réservée?
   Oui, j'en ai une.

4. As-tu pris un horaire?
   Oui, j'en ai pris un.
5. Ton billet est dans ton portefeuille?
   Oui, il y est.
6. As-tu besoin de changer de l'argent?
   Oui, j'ai besoin d'en changer.

CD4-9 **H.** **L'été prochain: Québec.** Eager to explore another francophone country, you are talking with a French Canadian friend about a trip to Québec during the summer. Answer your friend's questions affirmatively, replacing all nouns with appropriate object pronouns.

MODELE   YOU HEAR: Alors, tu prends ta voiture?
         YOU SAY: Oui, je la prends.

1. Alors, tu vas au Canada cet été?
   Oui, j'y vais cet été.
2. As-tu montré ton itinéraire aux copains?
   Oui, je le leur ai montré.
3. Est-ce que tu vas à la ville de Québec?
   Oui, j'y vais.
4. Vas-tu écrire des cartes postales à tes amis?
   Oui, je vais leur en écrire.
5. Vas-tu visiter les sites touristiques célèbres?
   Oui, je vais les visiter.

6. As-tu téléphoné à tes copains pour parler du voyage?
   Oui, je leur ai téléphoné pour en parler.
7. As-tu demandé des renseignements à ton agent de voyages?
   Oui, je lui en ai demandé.
8. Est-ce que tu viens me rendre visite?
   Oui, je viens te rendre visite.

CD4-10 **I.** **Montréal.** You are in Quebec and have decided to take the train to Montréal for the weekend. It is your first train trip in Canada and a friend is questioning you about the necessary arrangements. You will hear your friend ask a question. You will see a sample response, and you are to repeat the response but substitute object pronouns when possible.

MODELE   YOU HEAR: Tu vas faire enregistrer ta valise?
         YOU SEE: Non, je ne vais pas faire enregistrer ma valise.
         YOU SAY: Non, je ne vais pas la faire enregistrer.

1. Est-ce que tu as réservé une place?
   Oui, j'en ai réservé une.
2. Est-ce que tu as acheté ton billet hier?
   Non, je ne l'ai pas acheté hier.
3. A quelle heure vas-tu partir?
   Je vais partir à trois heures.

4. Est-ce que tu as un horaire des trains?
   Oui, j'en ai un.
5. Pourquoi vas-tu à Montréal?
   J'y vais pour voir un ami.
6. Est-ce qu'il y a des arrêts pendant le voyage?
   Oui, il y en a trois.

Pratique

CD4-11 **J.** You are doing a summer internship in France in a small family-owned business. When you return from lunch you find a message on the answering machine. Write down the message for your employer. Be as detailed as possible.

Allô bonjour, c'est Alain Dumas de l'agence Flautour. Nous sommes mardi, il est 13 h 20. Je vous appelle parce qu'on a un petit problème avec votre, votre billet d'avion. Il y a un changement sur les, sur les heures de départ. Alors, bon, ce qui serait bien, bien sûr on peut préparer un autre ticket mais j'aimerais vous, vous en parler. Alors, si vous pouviez me rappeler pour me préciser vos préférences quant à l'heure du départ, vous pouvez me rappeler. Je serai là cet après-midi au bureau jusqu'à 7 h à priori et bon, je vous rappelle mon numéro... c'est le 03-42-65-07-09.

CD4-12 **K.** **Dans le train.** Listen carefully to the following conversation between Christine and Olivier. Then indicate whether the statements below are true or false by writing "V" vrai (true) or "F" faux (false) next to each statement. You may listen to the passage as many times as necessary.

CHRISTINE: Pardon. Est-ce que cette place est réservée?
OLIVIER: Celle-là? Non, je ne crois pas. Toutes les autres dans ce compartiment le sont sauf celle-là.
CHRISTINE: Quelle chance! J'ai décidé de monter à Lyon à la dernière minute et je n'ai pas eu le temps d'en réserver une. Mais je n'avais pas vraiment envie de voyager debout dans le couloir.
OLIVIER: Avec tout le monde qu'il y a dans le train aujourd'hui, il ne doit pas rester beaucoup de places libres. Tu es étudiante à Montpellier?

CHRISTINE: Oui. Et toi?

OLIVIER: Moi aussi, je suis étudiant, mais à Lyon, à la fac de droit.

CHRISTINE: Tiens! J'ai un ami qui étudie à la fac de droit aussi.

OLIVIER: Ah oui? Comment s'appelle-t-il?

CHRISTINE: Borelli, Jacques. Tu le connais?

OLIVIER: Borelli? Mais bien sûr. Quelle coïncidence!

CHRISTINE: Jacques doit justement venir me chercher à la gare à Lyon. Et toi, est-ce que quelqu'un vient te chercher?

OLIVIER: Non. J'allais prendre le bus.

CHRISTINE: Mais tu n'as qu'à venir avec nous. Jacques a une voiture.

OLIVIER: C'est sympa. Merci.

CD4-13 L. Quel moyen de transport préfères-tu? Listen carefully to the following conversation in which four friends discuss different modes of transportation. Then answer the following questions. Reading the questions first will help focus your listening.

—Bon ben, écoutez les amis, là... On part dans deux semaines, il va peut-être falloir qu'on organise un peu notre... notre voyage. Qu'est-ce que vous en pensez?

—Ben, on sait déjà qu'on part en Italie. C'est pas mal!

—C'est bien! C'est bien, on y va. Alors comment est-ce qu'on y va, alors?

—Ah, ouais!

—Ben, on prend l'avion, écoute, ça va plus vite!

—Ah oui, mais l'avion c'est cher!

—Mais t'es folle! Puis, moi, j'aime pas tellement l'avion, je... je suis... J'aime pas c'est... On est enfermé là-dedans, non! Je trouve pas ça génial!

—Oui, c'est dangereux, hein! Oui, l'avion...

—Bon ben...

—J'ai un peu la trouille, moi, en avion, aussi hein.

—Euh ben, je ne sais pas.

—On ne peut pas prendre notre voiture, non?

—Ben oui, moi, ça me plairait bien de prendre une voiture.

—Ben, moi, j'ai pas de voiture!

—Ah, ben oui, c'est vrai, tiens, j'avais oublié ça!

—T'as une voiture, toi?

—Ben oui, j'en ai une. Je peux en avoir une, en tous les cas.

—Ah, ouais?

—Tes parents te laisseront la voiture?

—Ouais, je crois, ouais.

—Ben, c'est pas mal comme idée, hein!

—Ouais.

—Mais attendez, je pense à une chose: c'est que ça va être en plein dans les départs en vacances.

—Ah, ouais. .

—Oh là là! Il va y avoir des embouteillages!

—La circulation!

—La circulation qu'il va y avoir, ça va être un peu...

—Non, moi, je trouve qu'on devrait prendre le train.

—O.K.

—On prendrait un train de nuit.

—Un rapide, alors, . .

—Oui.

—C'est une bonne idée, oui!

—Ah, de toute façon, on va pas prendre le car hein, c'est pas confortable, puis ça met trop longtemps, hein!

—Oh, oui...

—Je suis d'accord.

—Bon, donc le train, c'est vraiment une bonne solution, je crois.

—Oui, surtout si on prend un train de nuit, on pourrait probablement avoir une couchette.

—Ah, oui.

—Ah, oui, mais il faut s'y prendre maintenant parce que...

—Ah, faut réserver!

—Si on ne réserve pas maintenant, on va passer le voyage dans le couloir, hein!

—Ah, ouais! Ah bon, alors, il faut téléphoner à ton copain Gaston, hein!

—Oui, oui. Gaston, il travaille pour une agence de voyages. C'est un bon copain à moi et je suis sûr qu'il va pouvoir nous réserver un compartiment, hein, avec couchettes.

—Et tu crois qu'il pourra avoir des prix intéressants pour nous?

—Ah, peut-être, il faut voir! C'est en pleine saison, mais, euh... Il peut peut-être nous aider avec ça.

—Parce que...

—Il faut voir les horaires, est-ce que t'as l'indicateur? Qu'on regarde quand le train va partir.

—Ben non, non. Il va falloir qu'on téléphone à cet ami. Mais aussi, ce qu'il faut voir c'est qu'on va prendre un train Paris-Rome, par exemple, mais après comment on va faire sur place?

—Ah, ah!

—Ben, dans les villes on prendra des bus, et puis, entre les villes des cars, je ne sais pas moi...

—Oui...

—Ah, on pourrait louer une voiture, hein, à quatre, si on partage le prix, c'est pas mal.

—Ça peut être pas mal.

—Ouais.

—On peut continuer en train, également, aussi. Il faut voir justement tous les trajets qui sont proposés.

—Eh ben oui, on peut peut-être donner quelques coups de téléphone pour... pour voir quels sont les prix un peu, et comparer, tout ça...

—Oui.

—Ça serait bien.

—Je pense que Gaston peut nous aider avec ça aussi.

—Bon ben, on n'a qu'à aller le voir ton ami.

—Très bien, ben écoute, je vais lui téléphoner maintenant.

—D'accord.

—D'accord.

Chapitre 8 A la fac

Perspectives

CD4-14 **A. L'importance du bac.** Listen carefully to the following conversation between Marc and Dominique. Then, indicate whether each statement is true (vrai) or false (faux) by writing V or F. You may listen to the passage as many times as necessary.

MARC: Dominique, explique-moi quelque chose. Qu'est-ce qu'il a fallu que tu fasses pour être acceptée à l'université en France?

DOMINIQUE: Eh bien, avant que les élèves de lycée puissent s'inscrire définitivement dans une université, ils doivent normalement être reçus au bac.

MARC: Et toi, quel bac as-tu passé?

DOMINIQUE: Moi, j'ai préparé la série économique et sociale. Mais enfin j'ai décidé de faire une spécialisation en anglais quand je me suis inscrite à l'université.

MARC: As-tu trouvé les épreuves du bac difficiles?

DOMINIQUE: Bien que ces examens ne soient jamais faciles, j'avais bien bachoté en terminale et j'ai eu une moyenne de quatorze virgule cinq à l'épreuve écrite. Ça veut dire que j'ai été reçue tout de suite.

MARC: Qu'est-ce qui se passe si on n'a pas une assez bonne note?

DOMINIQUE: On peut se rattraper en passant l'oral, pourvu qu'on ait eu une moyenne entre huit et dix à l'écrit.

MARC: Est-ce qu'il est normal que beaucoup de gens ratent leur bac?

DOMINIQUE: Il y a environ vingt-cinq pour cent des candidats qui ratent le bac. Ce chiffre est surprenant, mais beaucoup réussissent l'année suivante.

MARC: Après le bac, qu'est-ce qu'on doit faire?

DOMINIQUE: On se rend à l'université. On présente son dossier, on choisit une spécialisation et on s'inscrit. C'est tout.

Vocabulaire actif

CD4-15 **B. Préparation pour un examen.** Listen carefully to the following statements about university life and tell whether each is generally associated with preparation for a big examination.

MODELES   YOU HEAR: On étudie à la bibliothèque.
          YOU SAY: Oui, on étudie à la bibliothèque.

          YOU HEAR: On assiste à une manifestation.
          YOU SAY: Non, on n'assiste pas à une manifestation.

1. On bûche très tard le soir.
   Oui, on bûche très tard le soir.
2. On remplit des fiches.
   Non, on ne remplit pas de fiches.
3. On paie les frais d'inscription.
   Non, on ne paie pas les frais d'inscription.
4. On emprunte des polycopiés.
   Oui, on emprunte des polycopiés.
5. On apprend ses notes par cœur.
   Oui, on apprend ses notes par cœur.

6. On assiste aux travaux pratiques.
   Oui, on assiste aux travaux pratiques.
7. On va au Resto U.
   Non, on ne va pas au Resto U.
8. On a le trac.
   Oui, on a le trac.
9. On fait de son mieux.
   Oui, on fait de son mieux.

CD4-16 **C. Questions personnelles.** You will hear a series of questions about academic life. Answer the questions truthfully.

MODELE   YOU HEAR: Avez-vous un cours dans un amphithéâtre?
         YOU SAY: Oui, j'ai un cours dans un amphithéâtre.
         OR: Non, je n'ai pas de cours dans un amphithéâtre.

1. Habitez-vous à la cité universitaire?
   Oui, j'habite à la cité universitaire.
   Non, je n'habite pas à la cité universitaire.
2. Aimez-vous le contrôle continu des connaissances?
   Oui, j'aime le contrôle continu des connaissances.
   Non, je n'aime pas le contrôle continu des connaissances.
3. D'habitude, recevez-vous de bonnes notes?
   Oui, d'habitude je reçois de bonnes notes.
   Non, d'habitude je ne reçois pas de bonnes notes.
4. Est-ce que vous vous entendez bien avec votre conseiller?
   Oui, je m'entends bien avec mon conseiller.
   Non, je ne m'entends pas bien avec mon conseiller.
5. Préférez-vous étudier à la bibliothèque ou chez vous?
   Je préfère étudier à la bibliothèque.
   Je préfère étudier chez moi.
6. Est-ce que les examens sont difficiles dans votre université?
   Oui, les examens sont difficiles dans mon université.
   Non, les examens ne sont pas difficiles dans mon université.
7. Est-ce que les frais d'inscription coûtent cher dans votre université?
   Oui, les frais d'inscription coûtent cher dans mon université.
   Non, les frais d'inscription ne coûtent pas cher dans mon université.

CD4-17 **D. Le parcours du combattant.** The first year of university study in France is marked by many hurdles. The following passage will be read three times. During the first reading, listen to the text—do not write. During the second reading, fill in the blanks with the words that you hear. Finally, during the third reading, check your work and fill in any words you may have missed.

Bien qu'il y ait eu des réformes importantes dans les universités françaises, la première année de l'enseignement supérieur est encore marquée par une série d'épreuves plus ou moins dures. C'est ce qu'on appelle parfois le parcours du combattant. Mais le Ministère de l'Education nationale s'est donné comme priorité de rendre les formalités plus souples. La technologie du Minitel a aussi facilité les procédures administratives. Pour beaucoup d'étudiants, pourtant, on n'a pas encore fait assez pour simplifier le système.

Structures

CD4-18 **E. J'en doute.** You and your French friend Robert have a mutual acquaintance, Chantal, who is a procrastinator. Robert is telling you some things Chantal plans to do, but you doubt that she will actually do them. Respond to each of Robert's statements by adding **je doute que** and changing the verb to the subjunctive mood.

> MODELE YOU HEAR: Elle va à la conférence demain.
>   YOU SAY: Je doute qu'elle aille à la conférence demain.

1. Elle réussit dans tous ses cours.
   Je doute qu'elle réussisse dans tous ses cours.
2. Elle va à l'université le semestre prochain.
   Je doute qu'elle aille à l'université le semestre prochain.
3. Elle fait un effort pour obtenir de bonnes notes.
   Je doute qu'elle fasse un effort pour obtenir de bonnes notes.
4. Elle choisit les cours les plus difficiles.
   Je doute qu'elle choisisse les cours les plus difficiles.
5. Elle a beaucoup de dissertations à faire.
   Je doute qu'elle ait beaucoup de dissertations à faire.
6. Elle répond bien en cours d'anglais.
   Je doute qu'elle réponde bien en cours d'anglais.
7. Elle peut nous retrouver au café ce soir.
   Je doute qu'elle puisse nous retrouver au café ce soir.
8. Elle est au laboratoire cet après-midi.
   Je doute qu'elle soit au laboratoire cet après-midi.

CD4-19 **F. Est-il vrai que...?** You will hear a series of statements about university and campus life. If a statement is true of your institution, respond by adding **il est vrai que** and using the indicative. If a statement is not true of your institution, add **il n'est pas vrai que** and use the subjunctive.

> MODELE YOU HEAR: La nourriture est bonne au Resto U.
>   YOU SAY: Il est vrai que la nourriture est bonne au Resto U.
>   OR   Il n'est pas vrai que la nourriture soit bonne au Resto U.

1. Les chambres sont grandes dans les résidences universitaires.
   Il est vrai que les chambres sont grandes dans les résidences universitaires.
   Il n'est pas vrai que les chambres soient grandes dans les résidences universitaires.
2. Il y a beaucoup d'étudiants à la bibliothèque le dimanche.
   Il est vrai qu'il y a beaucoup d'étudiants à la bibliothèque le dimanche.
   Il n'est pas vrai qu'il y ait beaucoup d'étudiants à la bibliothèque le dimanche.
3. Dans mon université, les étudiants peuvent obtenir leur diplôme en trois ans.
   Dans mon université, il est vrai que les étudiants peuvent obtenir leur diplôme en trois ans.
   Dans mon université, il n'est pas vrai que les étudiants puissent obtenir leur diplôme en trois ans.
4. Dans mon université, tous les étudiants font un sport.
   Dans mon université, il est vrai que tous les étudiants font un sport.
   Dans mon université, il n'est pas vrai que tous les étudiants fassent un sport.
5. Beaucoup d'étudiants dans mon université veulent faire une maîtrise et un doctorat.
   Il est vrai que beaucoup d'étudiants dans mon université veulent faire une maîtrise et un doctorat.
   Il n'est pas vrai que beaucoup d'étudiants dans mon université veuillent faire une maîtrise et
   un doctorat.
6. Les classes sont très grandes dans mon université.
   Il est vrai que les classes sont très grandes dans mon université.
   Il n'est pas vrai que les classes soient très grandes dans mon université.

CD4-20 **G. Qu'est-ce qu'elle fait maintenant?** Answer Robert's questions about Chantal, using the cues provided. In each case, decide whether the verb should remain in the indicative or be changed to the subjunctive.

MODELE   YOU HEAR: Est-elle venue en cours hier?
              YOU SEE: Oui, je pense que...
              YOU SAY: Oui, je pense qu'elle est venue en cours hier.
              OR
              YOU SEE: Non, je ne pense pas que...
              YOU SAY: Non, je ne pense pas qu'elle soit venue en cours hier.

1. Est-ce que l'épreuve de grammaire était difficile?
    Oui, il est certain que l'épreuve de grammaire était difficile.
2. Est-ce qu'elle a choisi une spécialisation?
    Non, je ne suis pas sûr(e) qu'elle ait choisi une spécialisation.
3. Fait-elle son travail tous les jours?
    Non, je ne crois pas qu'elle fasse son travail tous les jours.
4. Est-ce qu'elle réussit tous ses cours?
    Oui, il semble qu'elle réussisse tous ses cours.
5. Est-ce qu'elle va régulièrement au laboratoire?
    Oui, il est essentiel qu'elle aille régulièrement au laboratoire.

CD4-21 H. **Nicole a réussi au bac!** Marie-France has just received a letter from her friend Nicole, a **lycée** student who has passed the **bac** and is making plans for her university studies. Respond to each comment, using the cues provided.

MODELE   YOU HEAR: Son petit ami n'a pas réussi au bac.
              YOU SEE: Je regrette que...
              YOU SAY: Je regrette que son petit ami n'ait pas réussi au bac.

1. Elle est allée en cours de philosophie.
    Je suis content(e) qu'elle soit allée en cours de philosophie.
2. Elle doit étudier davantage.
    Mais non, je ne pense pas qu'elle doive étudier davantage.
3. Il vaut mieux loger en ville.
    Je ne crois pas qu'il vaille mieux loger en ville.
4. Elle a des problèmes d'argent.
    Il est regrettable qu'elle ait des problèmes d'argent.
5. Elle sait son adresse.
    Je suis heureux / heureuse qu'elle sache son adresse.
6. Elle peut trouver un travail près de l'université.
    Moi, je doute qu'elle puisse trouver un travail près de l'université.
7. Elle ne veut pas partir de chez elle.
    Je suis surpris(e) qu'elle ne veuille pas partir de chez elle.

CD4-22 I. **Dit-il la vérité?** The following are all campaign statements by John Doe, a candidate for national office. If you believe a statement is true, respond by adding **je crois que.** If you believe a statement is false, add **je ne crois pas que.**

MODELE   YOU HEAR: Je suis pour les droits des animaux.
              YOU SAY: Je crois qu'il est pour les droits des animaux.
              OR   Je ne crois pas qu'il soit pour les droits des animaux.

1. Je représente toute la population.
    Je crois qu'il représente toute la population.
    Je ne crois pas qu'il représente toute la population.
2. J'ai l'intention de réduire les impôts.
    Je crois qu'il a l'intention de réduire les impôts.
    Je ne crois pas qu'il ait l'intention de réduire les impôts.
3. Je suis contre les armes nucléaires.
    Je crois qu'il est contre les armes nucléaires.
    Je ne crois pas qu'il soit contre les armes nucléaires.

4. Je veux nationaliser les lignes aériennes.
   Je crois qu'il veut nationaliser les lignes aériennes.
   Je ne crois pas qu'il veuille nationaliser les lignes aériennes.
5. Je sais résoudre le problème de la pollution.
   Je crois qu'il sait résoudre le problème de la pollution.
   Je ne crois pas qu'il sache résoudre le problème de la pollution.
6. Je peux trouver des logements pour tous les gens sans abri.
   Je crois qu'il peut trouver des logements pour tous les gens sans abri.
   Je ne crois pas qu'il puisse trouver des logements pour tous les gens sans abri.

Pratique

CD4-23 J. You are doing a summer internship in France in a small family-owned business. When you return from lunch you find a message on the answering machine. Write down the message for your employer. Be as detailed as possible.

Ce message est pour M. Sabatier... Anne-Marie Sinol, S-i-n-o-l. Je suis professeur au lycée de votre fils Christian et je voudrais savoir s'il vous serait possible de passer me voir pour discuter de ses progrès. Si vous pouviez me rappeler... Mon numéro est le 04-48-04-91-55 et je me retrouverai... serai à ce numéro entre 16 h et 17 h 30 aujourd'hui et à la même heure demain. Nous sommes aujourd'hui lundi et il est 12 h 40.

CD4-24 K. Pour passer un an dans une université américaine. Listen carefully to the following conversation between Nathalie and André. Then indicate whether the statements below are trrue or false by writing V vrai (true) or F faux (false) next to each statement. You may listen to the passage as many times as necessary.

ANDRE: On m'a dit que tu es une étudiante américaine. Est-ce que je peux te poser des questions à propos des études universitaires aux Etats-Unis?
NATHALIE: Bien sûr. Prenons un petit café et parlons-en. Qu'est-ce que tu veux que je te dise?
ANDRE: J'ai beaucoup de choses à demander. Pour commencer, je suis en deuxième année de fac et je suis un cours de civilisation américaine. Je vais passer le diplôme d'études universitaires générales en juin, et mon père préfere que j'aille passer un an en Amérique. Que faut-il que je fasse?
NATHALIE: Je suis contente que ton père t'ait proposé un voyage chez nous. Dans quelle université as-tu l'intention de t'inscrire?
ANDRE: Je ne sais pas encore. D'ailleurs, il est douteux que je puisse me décider sans avoir pris plus de renseignements.
NATHALIE: Avec ton baccalauréat français, je ne crois pas que tu aies trop de difficultés à trouver une université qui veuille t'accepter. Mais il y a peut-être d'autres considérations. Les finances, par exemple.
ANDRE: Oui, justement. On dit que les frais sont beaucoup plus élevés que chez nous. Est-ce que c'est vrai?
NATHALIE: Sans aucun doute. Bien que le coût des études soit très varié d'une université à l'autre, les frais d'inscription, la chambre dans une résidence, les repas au Resto U, tout ça, ça revient assez cher.
ANDRE: Peut-être que ce n'est pas la peine que je m'inscrive officiellement aux cours puisque les unités de valeur que j'obtiens en Amérique ne comptent pas pour un diplôme en France. Il est surtout important que je puisse avoir accès à une bonne bibliothèque et que je réussisse à entrer en contact avec les gens.
NATHALIE: Je suis sûre que tu vas réussir à le faire et j'espère que tu vas passer une année intéressante.

CD4-25 L. Le recyclage. Listen carefully to the following conversation in which three friends discuss environmental issues. Then answer the questions. Reading the questions first will help focus your listening.

—Les amis, je ne sais pas si vous avez vu ce... cette émission de télévision, hier soir, qui était sur la pollution. C'était absolument incroyable.
—Ah non. C'était un documentaire, hein!
—Oui, c'était un documentaire sur deux villes, essentiellement, deux villes: Venise, en Italie, et Mexico, la ville de Mexico, au Mexique, donc... Et j'ai été surpris de me rendre compte que... à Venise... il y avait un énorme problème de pollution parce que les industries, les entreprises industrielles, à côté de Venise, déversent dans la lagune de Venise des tonnes de produits chimiques.

—Ah, oui, il est certain que Venise est une ville très polluée, hein!

—Oui, et c'est surtout la lagune parce que ces produits chimiques font pousser des algues en grande quantité qui... euh, font accroître la population de moustiques, par exemple. Enfin, c'est un très, très grave problème.

—Oui, c'est dommage que... que le gouvernement ne fasse rien pour améliorer la situation aussi.

—C'est sûr, il n'y a pas beaucoup d'efforts qui sont faits dans ce cas-là, dans ce domaine-là. Mais alors également, après Venise, Mexico la ville...

—Oui.

—Vous savez que c'est une ville extrêmement polluée.

—Ah oui!

—Oui, je crois que c'est la première ville... du monde... au niveau de la pollution.

—Je pense, oui, je pense... c'est ce qu'on disait... et... euh, il est certain que ça va poser de très, très gros problèmes de... d'environnement.

—Oui. Il est vrai qu'ils font plus d'efforts, je crois, qu'à Venise.

—Oui, c'est possible, euh... Maintenant, naturellement, ils ont également l'exemple, qui vient de Californie, qui est meilleur, je pense.

—Oui.

—Oui.

—Ouais, ouais.

—Je ne sais pas si vous êtes au courant mais la Californie, surtout la Californie du sud, fait de gros efforts pour contrôler... pour contrôler la pollution.

—Oui, c'est vrai... Mais il est nécessaire que tout le monde se mette d'accord sur ce... à ce sujet et que tout le monde s'unisse, justement, pour essayer de combattre la pollution.

—Ah oui, il est important de faire des efforts, individuellement d'ailleurs. Je ne sais pas comment tu le ressens, mais euh...

—Ben oui, mais c'est dommage que je n'ai pas vraiment le temps d'appartenir à une organisation. Mais, j'essaie de faire mes efforts quotidiens en essayant de recycler un petit peu.

—Tu as raison. Il me semble que si chacun y met du sien... On peut tous, plus ou moins, arriver à régler, en partie, ce problème.

—Oui, je pense, que... recycler est important.

—Oui, tous les journaux, tout ce qui est...

—Ouais, tous les papiers, là...

—Papier journal, euh...

—Ben aussi le...

—Bouteilles de verre.

—Oui, le verre, bien sûr, oui.

—Toutes ces choses-là...

—Le métal aussi.

—Le métal également. Oui, oui. Non, je fais très attention à tout ça.

Chapitre 9 *La francophonie*

Perspectives

CD5-2 **A. Une Guadeloupéenne en France.** Listen carefully to the following conversation between Patrice and Maguy, a student from Guadeloupe studying in France. Then circle the letter of the choice that most appropriately completes each statement. You may listen to the passage as many times as necessary.

PATRICE: Maguy, je te connais depuis assez longtemps et je ne t'ai jamais demandé pourquoi tu es venue en France. A quel moment as-tu décidé de faire tes études à Montpellier?

MAGUY: Etant guadeloupéenne et ayant réussi au bac français dans mon pays, je pouvais automatiquement m'inscrire dans une université française.

PATRICE: Mais pourquoi à Montpellier?

MAGUY: Parce que le Ministère de l'Education nationale a décidé de m'envoyer ici. Voilà ce qui explique ma présence à l'Université Paul Valéry.

PATRICE: Es-tu heureuse d'être ici, ou est-ce que tu regrettes d'être partie de ton pays?

MAGUY: Je me suis habituée à vivre en France sans trop de difficultés. Mais beaucoup de ce qui se passe ici est assez différent pour moi.

PATRICE: Est-ce que tu as dû apprendre à parler français avant de venir?

MAGUY: Mais la Guadeloupe est un département de la France! Nous sommes aussi français que les Français de la métropole. La langue officielle chez nous, c'est le français. La raison pour laquelle j'étudie en France, c'est qu'il n'y a pas d'université à la Guadeloupe.

PATRICE: Je crois avoir remarqué un petit accent dans ton français. Est-ce qu'il est caractéristique de la façon dont parlent les Guadeloupéens?

MAGUY: D'abord, tout le monde a un accent, toi, moi, n'importe qui. Mais la population indigène des Antilles parle aussi le créole, et c'est ce qui explique notre accent.

PATRICE: L'année prochaine, je vais élargir mes connaissances culturelles en voyageant dans les autres pays francophones.

MAGUY: Bonne idée! Commence chez nous. La Guadeloupe t'attend.

Vocabulaire actif

CD5-3 **B. Interrogation de vocabulaire et de géographie.** You will hear a series of questions and incomplete statements about the Francophone world. Write your answers in the spaces provided. There may be more than one correct answer for some questions.

MODELE   YOU HEAR: Une personne qui parle anglais est...
          YOU WRITE: anglophone

1. Le célèbre carnaval a lieu au mois de...
2. Qu'est-ce que c'est que la métropole?
3. Donnez deux exemples de sports d'hiver.
4. Quand on pense à la Martinique, on pense à...
5. Le tiers-monde est un autre nom pour...
6. Une personne qui est indigène est une personne qui, . .
7. Les arbres tropicaux que l'on voit sur beaucoup de cartes postales s'appellent des...
8. Un autre nom pour le pays où une personne est née est...

CD5-4 **C. Qu'est-ce qui ne va pas?** You will hear some word groups containing four words each. Within each group, three words share a logical link. Listen carefully to each group. Then write down the three words that have something in common. Each group will be said three times to give you a chance to write down your response.

MODELE   YOU HEAR: la France, la Belgique, l'Algérie, la Suisse
          YOU WRITE: la France, la Belgique, la Suisse

1. le sable, les palmiers, la plage, la conquête
2. la Martinique, la Belgique, la Guadeloupe, la Guyane
3. la métropole, naviguer, la mer des Caraïbes, la plage
4. le Maroc, le Sénégal, le Bénin, le Liban
5. le Québec, les palmiers, le carnaval, Jacques Cartier
6. le Maine, le Texas, le Massachusetts, le Vermont

CD5-5 **D. La présence française en Amérique du Nord.** French influence is found in many parts of North America. The following passage will be read three times. During the first reading, listen to the text—do not write. During the second reading, fill in the blanks with the words that you hear. Finally, during the third reading, check your work and fill in any words you may have missed.

La présence des Français en Amérique remonte au seizième siècle. C'est au Canada que la France a établi sa première colonie outre-Atlantique. Bien que le Québec n'appartienne plus à la France, c'est dans cette région qu'habitent aujourd'hui six millions de francophones. Aux Etats-Unis, l'influence de la culture française est évidente en Louisiane, en Nouvelle-Angleterre et dans les autres régions où les Français ont joué un rôle historique. Il est toujours intéressant de savoir pourquoi une personne ou une ville porte un nom français. C'est aussi une façon de comprendre l'expansion du français dans le monde.

Structures

CD5-6 **E. Préférences personnelles.** Answer the questions, using the cues provided. Be sure to use the appropriate preposition, when necessary.

> MODELE YOU HEAR: Est-ce que Gilles fait du ski nautique?
> YOU SEE: Gilles / apprendre
> YOU SAY: Gilles apprend à faire du ski nautique.

1. Est-ce qu'Alice fait du ski nautique?
   Alice adore faire du ski nautique.
2. Est-ce que Claudine fait du ski nautique?
   Claudine veut faire du ski nautique.
3. Est-ce qu'Yves fait du ski nautique?
   Yves a peur de faire du ski nautique.
4. Est-ce que Raoul apprend l'anglais?
   Raoul commence à apprendre l'anglais.
5. Est-ce que Janine apprend l'anglais?
   Janine s'amuse à apprendre l'anglais.
6. Est-ce que Thérèse apprend l'anglais?
   Thérèse a décidé d'apprendre l'anglais.

7. Est-ce que Fernand achète une nouvelle voiture?
   Fernand désire acheter une nouvelle voiture.
8. Est-ce que tes parents achètent une nouvelle voiture?
   Mes parents viennent d'acheter une nouvelle voiture.
9. Est-ce que tu achètes une nouvelle voiture?
   Je dois acheter une nouvelle voiture.
10. Est-ce que ton frère achète une nouvelle voiture?
    Mon frère hésite à acheter une nouvelle voiture.

CD5-7 **F. Le tour du monde.** You are telling a French friend about your grandparents, who retired last year and took a trip around the world. Following the model, recreate their odyssey. Use the appropriate prepositions.

> MODELE D'abord, ils sont allés en Italie.
> YOU HEAR: Et d'Italie?
> YOU SEE: la Suisse
> YOU SAY: D'Italie, ils sont allés en Suisse.

1. Et de Suisse?
   De Suisse, ils sont allés au Danemark.
2. Et du Danemark?
   Du Danemark, ils sont allés en Pologne.
3. Et de Pologne?
   De Pologne, ils sont allés à Moscou.
4. Et de Moscou?
   De Moscou, ils sont allés en Grèce.
5. Et de Grèce?
   De Grèce, ils sont allés au Maroc.

6. Et du Maroc?
   Du Maroc, ils sont allés à Dakar.
7. Et de Dakar?
   De Dakar, ils sont allés au Congo.
8. Et du Congo?
   Du Congo, ils sont allés au Brésil.
9. Et du Brésil?
   Du Brésil, ils sont allés au Mexique.
10. Et du Mexique?
    Du Mexique, ils sont allés au Canada.

Ensuite, ils sont revenus aux Etats-Unis. Ils étaient très fatigués, mais aussi très heureux.

CD5-8 **G. Un voyage imaginaire.** Answer the following questions about an imaginary trip. Supply the appropriate prepositions when necessary.

> MODELE YOU HEAR: Où est-ce que vous allez?
> YOU SEE: Europe
> YOU SAY: Je vais en Europe.

1. Quand est-ce que vous allez faire le voyage?
   Je vais faire le voyage au printemps ou en été.
2. Comment est-ce que vous allez en Europe?
   Je vais en Europe en avion.
3. Dans quels pays allez-vous voyager?
   Je vais voyager en France, en Allemagne et au Danemark.
4. Comment allez-vous voyager en France?
   En France, je vais voyager par le train.
5. Quelles villes allez-vous visiter?
   Je vais visiter Paris, Chartres et Copenhague.

6. Où est-ce que vous allez rester le plus longtemps?
   Je vais rester le plus longtemps à Paris.
7. Allez-vous envoyer des cartes postales?
   Oui, je vais envoyer des cartes postales à ma famille et à mes amis.
8. Qu'est-ce que vous allez vous amuser à faire?
   Je vais m'amuser à parler aux Français.
9. Qu'est-ce que vous allez apprendre?
   Je vais apprendre à mieux parler le français.

H. La Martinique. Your friend who has just returned from Martinique is showing you slides of the trip. Using the pronoun **dont**, combine each pair of statements into one sentence.

> MODELE YOU HEAR: Voilà le pays. Nous parlions de ce pays.
> YOU SAY: Voilà le pays dont nous parlions.

1. C'est notre hôtel. Je vous ai parlé de cet hôtel.
   C'est l'hôtel dont je vous ai parlé.
2. Voilà un ami. La sœur de cet ami est médecin.
   Voilà un ami dont la sœur est médecin.
3. Voilà la plage. Je vais me souvenir de cette plage.
   Voilà la plage dont je vais me souvenir.
4. C'était un beau voyage. J'avais besoin d'un beau voyage.
   C'était un beau voyage dont j'avais besoin.

I. Sois plus précis, s'il te plaît. You are talking with a friend and wish that he would be a little more precise. For each statement, ask a follow-up question, using the cue provided. Always begin your question with the cue.

> MODELE YOU HEAR: J'ai téléphoné à ma cousine.
> YOU SEE: Où habite la cousine?
> YOU SAY: Où habite la cousine à qui tu as téléphoné?

1. J'ai assisté à des conférences la semaine dernière.
   As-tu aimé les conférences auxquelles tu as assisté?
2. Je vais travailler avec mon prof lundi prochain.
   Aimes-tu le prof avec qui tu vas travailler?
3. Je viens d'acheter des jeans dans un magasin du quartier.
   Où est le magasin où tu viens d'acheter des jeans?
4. J'ai téléphoné à un ami ce matin.
   Où habite l'ami à qui tu as téléphoné?
5. Je vais payer l'addition avec un billet de dix euros.
   Où est le billet de dix euros avec lequel tu vas payer l'addition?

Pratique

J. You are doing a summer internship in France in a small family-owned business. When you return from lunch you find a message on the answering machine. Write down the message for your employer. Be as detailed as possible.

Bonjour M. Sabatier. C'est Georges Rochet ici à l'appareil. Il est mercredi, 13 h 25, et je vous appelle au sujet de produits que je vends... qui, je pense, pourraient très bien convenir à, à votre magasin. Nous avons des, des produits ici de, de très, très bonne qualité et je crois qu'ils auraient beaucoup de succès dans votre magasin. En plus, nos, nos prix sont, sont très intéressants. Je crois que vous les trouverez très intéressants et donc ce que j'aimerais c'est en fait vous rencontrer prochainement afin que nous puissions en parler et... Donc mon numéro de téléphone c'est le 03-42-27-39-54. Et donc si c'est... si mon offre vous intéresse, rappelez-moi... et... en tout cas, j'essaierai de vous rappeler plus tard cette semaine. Au revoir, monsieur. Merci beaucoup.

K. Les anciennes colonies de la France. Listen carefully to the following conversation between Nathalie and André. Then indicate whether each statement is true (vrai) or false (faux) by writing V or F. You may listen to the passage as many times as necessary.

> NATHALIE: Je viens de répondre à tes questions sur les universités américaines. Me permets-tu de t'interroger maintenant sur la France?
> ANDRE: Bien sûr. Qu'est-ce que tu veux savoir? J'espère pouvoir t'aider à comprendre mon pays.
> NATHALIE: Depuis que je suis en France, j'ai remarqué qu'il y a un assez grand nombre d'Arabes et de Noirs. D'où viennent-ils?
> ANDRE: Tu sais que la France a eu de très importantes colonies partout dans le monde, surtout en Afrique du Nord, en Afrique Noire et aux Antilles. Aujourd'hui, elle n'a plus de colonies, mais son influence continue à se manifester dans ces pays.

NATHALIE: Mais pourquoi les habitants de ces anciennes colonies viennent-ils ici, en France?
ANDRE: D'abord, il y a les étudiants qui sont ici pour apprendre une profession et qui retournent ensuite dans leurs pays. Mais la grande majorité des gens sont venus chercher du travail en France.
NATHALIE: Quelle langue parlent-ils?
ANDRE: Chez les étudiants, il n'y a pas de problème puisqu'ils sont habitués à employer le français dans les cours universitaires chez eux. Pour les autres, la culture et la langue française présentent souvent des obstacles, surtout au moment d'arriver en France.
NATHALIE: Est-ce que ces gens trouvent facilement du travail?
ANDRE: Malheureusement, non. Souvent, ils restent assez peu de temps en France et rentrent chez eux.
NATHALIE: Je voudrais mieux connaître le rôle que jouent ces pays dans la politique en France.

CD5-13 L. A l'aéroport. Listen carefully to the following conversation in which two friends discuss their vacation plans. Then answer the questions. Reading the questions first will help focus your listening.

—Hé, Catherine!
—Oh, salut Françoise! Comment vas-tu?
—Ben, ça va bien. Tu pars en voyage?
—Oui, et toi aussi, il me semble!
—Ben eh! Oui, oui, oui, oui, oui. C'est rigolo qu'on parte le même jour!
—Oh oui! Ecoute. Où vas-tu? Dis-moi.
—Moi, je vais à Boston. Tu sais que j'ai réussi mon bac!
—Ah, c'est super! Moi aussi.
—Ah bon! Oui ben... ça fait du bien. Maintenant, je vais me détendre: je pars deux mois à Boston. Je vais faire euh... c'est-à-dire que, pendant le premier mois, je vais me promener un petit peu dans la région, et puis, ensuite, je vais faire un stage dans une bibliothèque ultramoderne. C'est très, très intéressant.
—Ah bon! Mais dis donc, ton niveau d'anglais doit être assez bon, hein!
—Ben, pas très bon, mais justement j'espère l'améliorer en allant là-bas. Et toi, où tu vas?
—Tu es très sérieuse, hein! Bon, moi, je prends des vacances au soleil. Je pars au Maroc.
—Ah!
—Mais j'ai un cousin qui habite là-bas aussi. C'est pour ça.
—Hum, hum.
—Donc, je vais voir mon cousin qui est au Maroc, mais je vais en profiter pourvoyager de... J'ai l'intention de faire toutes les villes impériales du Maroc.
—Tu y es déjà allée? Ou c'est la...
—Oh, il y a très longtemps. Quand j'étais très petite justement pour rendre visite à ce cousin et je ne me souviens pas vraiment et euh... Ecoute, je suis fatiguée, j'ai besoin de vacances.
—Ouais, c'est vrai. C'était vraiment dur, hein, ce...
—Ah, c'était dur.
—Ce bac. Ouais.
—Le seul problème, je suis un petit peu inquiète: j'ai l'impression qu'il va faire très chaud là-bas. Je ne crois pas que je suis à la bonne saison.
—Ben, tu sais, moi, Boston en été! Il paraît qu'il fait très, très chaud aussi, un peu humide, que c'est très orageux, alors je vais peut-être... être un peu...
—Enfin, mais tu rigoles, enfin!
—Non!
—Mais, c'est au nord.
—Ben, pas du tout. D'abord c'est pas aussi au nord que ça par rapport à nous.
—Ah bon!
—Et... Non, non, non, non! Non, non! Mais par contre, je crois qu'il y a de très, très jolis paysages de... de campagne. Il y a la montagne, qui n'est pas très loin, et il y a la mer, mais c'est glacé, enfin...
—Ecoute. Je n'y suis jamais allée, mais j'ai entendu parler d'un endroit qui est très beau à voir: c'est Cape Cod.
—Ah oui, oui, oui,oui! Oui, oui, oui! Je compte y aller...
—Il faut absolument faire Cape Cod.
—Ouais.
—Quand tu vas à Boston.
—Ouais.
—Je ne sais pas pourquoi, hein.
—Hum, hum.
—C'est juste... j'ai entendu dire plusieurs fois...

—Oui, oui, oui, oui! Oui, moi aussi, on m'a dit. Oui, je crois que c'est très joli. Ecoute Catherine, je suis désolée, mais j'ai pas tellement le temps là. Tu vois, je crois qu'on va annoncer mon vol certainement bientôt.

—Bon ben, écoute, je te comprends. Moi aussi d'ailleurs, ça va pas tarder. Ecoute, je te souhaite un excellent voyage, et j'espère que ton séjour se passera très bien.

—VOL AIR FRANCE 452 A DESTINATION DE BOSTON. DEPART IMMEDIAT. EMBARQUEMENT PORTE 18.

—Oh! Tu vois, c'est mon vol!!

—Ben, écoute.

—Porte 18. Ciao. Allez, bon voyage, hein!

—Bon voyage aussi, on se retéléphone dès qu'on rentre.

—Oui.

Chapitre 10 *Découvrir et se découvrir*

Perspectives

CD5-14 **A. Dans une agence de voyages.** Listen carefully to the following conversation between Mireille and a travel agent. Then circle the letter of the choice that best answers each question. You may listen to the conversation as many times as necessary.

MIREILLE: Bonjour, monsieur. C'est bien ici que je pourrais me renseigner sur les prix et les horaires?

AGENT: Oui, mademoiselle. Pourrais-je vous rendre service?

MIREILLE: Pour le moment, je sais que je devrai me trouver à Bruxelles le vingt août pour un vol aux Etats-Unis. Mais je n'ai pas encore décidé s'il vaut mieux prendre le train ou l'avion pour me rendre en Belgique.

AGENT: Si vous avez une carte d'étudiante, vous pourrez bénéficier d'un tarif réduit, quel que soit le moyen de transport.

MIREILLE: Alors, pourriez-vous me calculer le prix de l'aller simple, Montpellier-Bruxelles, par le train et ensuite le prix du même trajet en avion?

AGENT: Bien sûr, mademoiselle. Mais si vous preniez le train, vous arriveriez à Paris, gare de Lyon. Ensuite, il vous faudrait vous rendre à la gare du Nord pour continuer jusqu'à Bruxelles. Avec l'avion, ce serait moins compliqué et plus rapide, bien entendu.

MIREILLE: Franchement, j'aurai déjà tellement voyagé en France avant mon départ pour Bruxelles que le moyen de transport m'est égal. Je voudrais surtout trouver un prix intéressant.

AGENT: Entendu. Je vous préparerai tout de suite les deux itinéraires et les prix. Ensuite, vous les comparerez et vous déciderez.

Vocabulaire actif

CD5-15 **B. Interrogation de vocabulaire.** For each vocabulary item you hear, check the appropriate category. Each term will be said twice.

MODELE   YOU HEAR: un pneu
          YOU MARK: voiture

1. faire le plein
2. des vols-vacances
3. un dépliant
4. la mise au point
5. se baigner
6. un rabais
7. une randonnée
8. les freins
9. un voyage à forfait
10. faire la vidange

CD5-16 **C. Le droit aux vacances.** The amount of yearly vacation one earns in the workplace varies from one country to another. The following passage will be read three times. During the first reading, listen to the text—do not write. During the second reading, fill in the blanks with the words that you hear. Finally, during the third reading, check your work and fill in any words you may have missed.

Chez les Français, les vacances annuelles sont sacrées, mais le seront-elles dans dix ans? Actuellement, les salariés français ont droit à cinq semaines de congés payés par an. En Allemagne, la durée des vacances est encore plus longue. Peut-être faudra-t-il que les grandes puissances européennes établissent un nouvel équilibre entre le travail et la détente de leurs citoyens. Elles pourront ainsi trouver des solutions à certains problèmes économiques. Mais qu'auront-elles fait pour améliorer la qualité de la vie?

Structures

CD5-17 D. L'itinéraire. You have just received an abbreviated itinerary of your upcoming trip to France. Use the itinerary to answer your friend's questions.

> MODELE   YOU HEAR: Quand est-ce que tu partiras?
>   YOU SEE: le cinq juin
>   YOU SAY: Je partirai le cinq juin.

1. A quelle heure est-ce que tu partiras de New York?
   Je partirai de New York à six heures.
2. A quelle heure est-ce que tu arriveras à Paris?
   J'arriverai à Paris à dix-neuf heures.
3. Avec quelle compagnie aérienne est-ce que tu voyageras?
   Je voyagerai avec Air France.
4. Qu'est-ce que tu visiteras?
   Je visiterai Notre-Dame, le Louvre et la tour Eiffel.
5. Quand est-ce que tu iras à Chartres?
   J'irai à Chartres le vingt et un juillet.
6. Comment iras-tu à Chartres?
   J'irai à Chartres en autocar.
7. Quand est-ce que tu arriveras à Nice?
   J'arriverai à Nice le trois août à onze heures.
8. Quel moyen de transport prendras-tu pour aller à Nice?
   Je prendrai le train.
9. Quelle est la date de ton retour aux Etats-Unis?
   La date de mon retour aux Etats-Unis est le quinze août.
10. A quelle heure est-ce que tu arriveras à New York?
    J'arriverai à New York à neuf heures.

CD5-18 E. Et après l'université? A friend of Thierry's is asking him about what he plans to do after graduating from the university this year. Play the role of Thierry and answer his friend's questions affirmatively.

> MODELE   YOU HEAR: Prendras-tu un poste de prof d'anglais, si c'est possible?
>   YOU SAY: Oui, je prendrai un poste de prof d'anglais, si c'est possible.

1. Si tu gagnes assez d'argent, feras-tu un voyage?
   Oui, si je gagne assez d'argent, je ferai un voyage.
2. Quand tu feras ce voyage, prendras-tu l'avion?
   Oui, quand je ferai ce voyage, je prendrai l'avion.
3. Iras-tu aux Etats-Unis si tu peux faire des économies?
   Oui, j'irai aux Etats-Unis si je peux faire des économies.
4. Lorsque tu seras aux Etats-Unis, iras-tu voir tes copains américains?
   Oui, lorsque je serai aux Etats-Unis, j'irai voir mes copains américains.
5. Si tu as le temps, visiteras-tu beaucoup de villes?
   Oui, si j'ai le temps, je visiterai beaucoup de villes.

CD5-19 F. Que feriez-vous? Imagine what you would do if you inherited 100 million dollars, with the stipulation that you must spend half of it on others (not counting family and friends). Explain what you would do with the money, using the cues provided.

> MODELE   YOU HEAR: Si vous aviez assez d'argent, que feriez-vous?
>   YOU SEE: construire des maisons pour les pauvres
>   YOU SAY: Si j'avais assez d'argent, je construirais des maisons pour les pauvres.

1. Si vous aviez assez d'argent, que feriez-vous?
   Si j'avais assez d'argent, j'aiderais à protéger l'environnement.
2. Et quoi d'autre?
   Si j'avais assez d'argent, je développerais un système pour assurer de la nourriture pour les pauvres.
3. Et quoi d'autre?
   Si j'avais assez d'argent, je contribuerais à la recherche médicale.

4. Et quoi d'autre?
Si j'avais assez d'argent, je travaillerais pour changer le système médical dans ce pays.
5. Et quoi d'autre?
Si j'avais assez d'argent, j'organiserais des programmes d'échanges pour améliorer les rapports internationaux.
6. Et quoi d'autre?
Si j'avais assez d'argent, je créerais de nouvelles bourses pour les étudiants.

CD5-20 **G. Pourriez-vous m'aider?** Beth, who has been studying in France this year, wants to ask her landlady for help in arranging a trip to London. Help Beth by changing her requests to the conditional to be more polite.

MODELE   YOU HEAR: Venez-vous avec moi?
                    YOU SAY: Viendriez-vous avec moi?

1. Etes-vous libre à cinq heures?
   Seriez-vous libre à cinq heures?
2. Pouvez-vous m'accompagner à l'aéroport?
   Pourriez-vous m'accompagner à l'aéroport?
3. Pouvons-nous prendre le RER pour y aller?
   Pourrions-nous prendre le RER pour y aller?

4. Savez-vous le prix du billet pour y aller?
   Sauriez-vous le prix du billet pour y aller?
5. Avez-vous la monnaie de quinze euros?
   Auriez-vous la monnaie de quinze euros?
6. Voulez-vous dîner à l'aéroport?
   Voudriez-vous dîner à l'aéroport?

CD5-21 **H. Une vie différente.** What would you have done if you had not chosen to go to college? How might your life have been different? Suggest some of the possibilities, using the cues provided.

MODELE   YOU HEAR: Qu'est-ce que tu aurais fait si tu n'étais pas allé(e) à l'université?
                    YOU SEE: travailler pour mon oncle
                    YOU SAY: J'aurais peut-être travaillé pour mon oncle.

1. Qu'est-ce que tu aurais fait si tu n'étais pas allé(e) à l'université?
   J'aurais peut-être cherché un poste à la banque.
2. Une autre possibilité?
   Je me serais peut-être marié(e).
3. Une autre possibilité?
   J'aurais peut-être travaillé dans une boutique.

4. Une autre possibilité?
   Je serais peut-être entré(e) dans le Corps de la Paix.
5. Une autre possibilité?
   J'aurais peut-être fait une carrière dans le cinéma.
6. Une autre possibilité?
   Je serais peut-être devenu(e) écrivain.

Pratique

CD5-22 **I.** You are doing a summer internship in France in a small family-owned business. When you return from lunch you find a message on the answering machine. Write down the message for your employer. Be as - detailed as possible.

Allô M. Sabatier. Bonjour, c'est Nicole Massin. Je m'occupe des gîtes ruraux. Je vous rappelle concernant le gîte que vous m'avez demandé de trouver pour vous pour cet été au mois d'août. Ecoutez, j'en ai trois. J'en ai un à côté de la plage, j'en ai un près d'un lac qui est à la montagne et un troisième à la montagne près d'une station de ski. Est-ce que vous pourriez me rappeler pour qu'on en parle et que je compare des prix aussi et qu'on... que vous fassiez une sélection. Je vous donne mon numéro de téléphone: c'est le 03-42-78-52-51. J'y serai ce soir, vendredi jusqu'à 19h et lundi toute la journée. Merci. Au revoir.

CD5-23 **J. Nous allons faire du camping.** Listen carefully to the following conversation between Sophie and Luc. Then circle the letter of the choice that most appropriately completes each statement. You may listen to the conversation as many times as necessary.

SOPHIE: Dis donc, Luc, est-ce que ça t'intéresserait de nous accompagner ce week-end? Nous allons faire du camping à la montagne, près de Cannes.
LUC: J'ai déjà entendu parler de ces terrains de camping sur la Côte. Qu'est-ce qui se passera là-bas ce week-end?

SOPHIE: D'abord, nous serons une dizaine de copains dont la moitié sont au lycée avec moi et les autres étudient à la fac avec mon frère Philippe.

LUC: Quand est-ce que nous partirons?

SOPHIE: Il faut environ trois heures. Mais si nous voyageons pendant la matinée, nous pourrons faire des randonnées l'après-midi et même aller à la pêche aux truites.

LUC: Et en manger le soir? Hmm, super!

SOPHIE: Et tu verras que quand nous aurons fait de longues excursions et que tu auras respiré l'air pur et frais de la montagne, tu dormiras sans difficulté la nuit.

LUC: Fantastique! Si j'avais su que c'était si sympa, il y a longtemps que j'y serais allé.

CD5-24 **K. La fin du semestre.** Listen carefully to the following conversation in which three friends plan a celebration for the end of the semester. Then answer the questions. Reading the questions first will help focus your listening.

—Hé ben, dites donc! C'est fini les examens!

—Ça fait du bien, hein, de terminer.

—Ça fait du bien.

—Ah, dis donc!

—Ah, c'est sympa. Oui, c'est sûr.

—Moi, je trouve qu'on devrait vraiment célébrer ça, parce que...

—Quel soulagement, hein!

—Ouais.

—Qu'est-ce qu'on a travaillé!

—On peut peut-être se faire une petite fête, hein!

—Une grande fête, tu veux dire!

—Une grande fête.

—Ben, oui, alors.

—Les résultats sont quel jour?

—Mercredi, je crois...

—C'est mercredi. Oui.

—Bon, ben... On pourrait faire quelque chose samedi soir par exemple.

—Ben, oui, ça serait sympa. Je crois que tout le monde est libre, hein, samedi soir.

—Ouais. Qui on va inviter?

—Ben, je sais pas. Quelle classe on prend? Tu sais... La classe de Monsieur Martin?

—Ouais, la classe de maths de M. Martin. C'est vraiment...

—Oui, il y avait une bonne ambiance.

—Une bonne atmosphère. Ouais. Absolument, hein!

—On va l'inviter, il est sympa.

—Ouais, tu crois?

—Ouais, il est bien. On peut l'inviter, ouais.

—Mais alors, ça va faire quand même une vingtaine de personnes. Où est-ce qu'on pourrait aller pour ça?

—Ben, chez moi, c'est un peu trop petit, oui.

—Ouais, moi, mes parents sont là.

—Oh, à la Maison des jeunes et de la culture.

—Ah oui!

—Ah bon!

—Tu peux louer une pièce là?

—On peut... on peut utiliser une pièce, oui.

—Ça coûte cher, alors?

—Non, non, ils nous la prêtent. Bon, naturellement, il faut leur laisser une caution.

—Oui, oui.

—Et puis il faut laisser la pièce en bon état, quoi...

—Oui, mais, est-ce que... Pour la musique. Comment ça se passe? Ils ont un équipement?

—Oui, oui, ils ont un équipement audio. Oui, oui. Tout à fait.

—Ah!

—Alors, il suffit simplement qu'on s'organise, nous, et qu'on achète la nourriture, et puis les boissons, et cetera.

—Moi, je pense que c'est peut-être mieux de faire ça à la fortune du pot. Si chacun apporte quelque chose. Non?

—Oui, alors comment est-ce qu'on pourrait organiser ça, alors?

—Moi, ça m'embête la fortune du pot parce que tu sais jamais ce que tu vas avoir. Tu vas peut-être avoir plus de boissons, pas assez de nourriture.

—Ben!

—Moi je serais mieux pour, tu sais, se cotiser et puis vraiment il y a trois personnes qui vont au «Carrefour» du coin et qui font les courses.

—Ouais ben, on pourrait... on pourrait faire la même chose, quand même, même à la fortune du pot. Euh... Par exemple, Sylvie pourrait téléphoner à toutes les filles et, moi, je pourrais téléphoner à tous les garçons, et nous, on achète la nourriture et les filles achètent les boissons, par exemple.

—Ben, oui, bon, dans ce cas-là...

—C'est assez simple.

—C'est équilibré comme ça.

—Ben, oui.

—Bon ben, très bien alors.

—Oui, c'est une bonne idée je pense...

—Bon.

—Et puis donc on téléphone à...

—A M. Martin.

—A la Maison des jeunes, quoi!

—Ah oui! Et Jean-Luc, tu téléphones à la Maison des jeunes et de la culture pour savoir si la salle est disponible, et cetera?

—Bon ben... Je suivrai les indications de Laurent et je vais téléphoner à M. Martin, et également, je téléphonerai à la Maison des jeunes et de la culture. Et comme ça tout sera réglé.

—Ben, c'est parfait.

—D'accord.

—Très bonne idée.

—Bon ben, on se retéléphone d'ici là. Mais, sinon à samedi prochain.

—D'accord.

—A samedi soir.

—Allez, salut!

—Salut.

ISBN 0-8384-0611-4